BIBLIOTHÈQUE NAPOLÉONIENNE
LES MISÈRES
DU
LIEUTENANT
BONAPARTE
40 Centimes
AF461925
16° Lh4 b
2116

Les Misères du Lieutenant Bonaparte

Bibliothèque Napoléonienne

A. GENIN

Les Misères du Lieutenant Bonaparte

VALENCE. AUXONNE. CORSE. PARIS.

ÉDITIONS NILSSON
73, BOULEVARD SAINT-MICHEL
PARIS

Préface

Un jour, dans je ne sais quelle capitale d'Europe, présidant un de ces cercles de rois et d'empereurs, tous plus respectueux les uns que les autres devant ce nouveau César qui semblait tenir la victoire attachée à son char, Napoléon Ier, au hasard de la conversation, prononça cette phrase :

— Quand j'étais simple lieutenant d'artillerie...

On juge de l'effet qu'elle produisit.

N'est-il point merveilleux de songer que cet homme qui avait conquis l'Europe, devant qui les plus grands rois, les plus puissants empereurs s'inclinaient, cet homme dont Rostand a pu dire :

Pour peu qu'il la leur demandât,
Les Empereurs donnaient leur fille à ce soldat !

cet homme qui était monté si haut qu'il s'était évadé, l'on peut dire, hors de l'humanité, et que les poètes, tout naturellement, pouvaient le comparer à un Aigle, cet homme, supérieur aux plus grands monarques, l'égal du Pape, cet homme, il y a vingt ans à peine, avait été un obscur lieutenant d'artillerie, perdu dans une garnison de province.

Certes, quand il commandait la manœuvre des bombardiers, sur le polygone de Valence, ses collègues, tous ces brillants officiers, nobles et riches, qui n'avaient que du mépris pour ce petit Corse maigre, sec et noir, baragouinant le français avec un fort accent italien, eussent haussé les épaules si, comme pour Macbeth, une sorcière, au détour du chemin, leur eût prédit :

— Il sera roi...

Nous disions, dans la préface du précédent volume de la Bibliothèque Napoléonienne, *que l'histoire était un roman.*

Mais n'est-ce point le plus beau, le plus merveilleux, le plus inattendu, le plus romanesque roman que nous puisse fournir l'histoire que l'aventure de ce petit lieutenant d'artillerie qui devient Empereur, conquiert l'Europe et remplit notre chronique nationale du bruit et de la gloire de ses exploits !

Encore si ce lieutenant avait été marqué, dès sa naissance, par quelque signe mystérieux qui, le désignant à l'attention des hommes, l'eût pour ainsi dire, et par quelque force inconnue mais irrésistible, porté jusqu'aux cimes les plus élevées du pouvoir.

Si l'éclat d'une famille patricienne, la fulgurance d'un nom glorieux, le légendaire héritage d'ancêtres éblouissants l'eûssent conduit vers la pourpre impériale...

Mais, comme on l'a pu voir dans le précédent volume, si elle était de noble origine, la famille Buonaparte n'avait rien qui la distinguât des innombrables familles nobles, et encore était-elle d'origine étrangère, grecque ou florentine.

Elle était pauvre, cette famille, chargée d'enfants, se débattant continuellement dans des tracas d'argent, des soucis matériels, vivant dans une pénurie proche de la misère.

Et c'est dans ce milieu que naît et se développe cet enfant qui « n'a rien d'extraordinaire », disent ses contemporains.

Il est élevé par charité dans les collèges du roi ; ses professeurs n'ont jamais remarqué qu'il fût plus intelligent que la moyenne de ses condisciples ; il n'a aucun de ces traits qui permettent au chroniqueur d'écrire ce qu'on appelait jadis « les Enfances » *d'un grand homme.*

Il n'est pas beau, il est grognon, maussade et sombre, mais sans rien de fatal ; il ne brille point dans ses études ; et, le temps venu, à son tour, le plus naturellement du monde, il sort de l'école, est nommé officier.

Il est le lieutenant Bonaparte, à qui nul ne prête attention.

Et la pauvreté le suit !

Les Misères du lieutenant Bonaparte... !

Comme ces substantifs, ajoutés à ce nom, paraissent énormes aujourd'hui ; ils attirent l'attention, ils sont démesurés, font l'effet d'un non-sens, d'un gigantesque coq-à-l'âne...

Mais en 1785, *dans la tranquille petite ville de Valence, ou bien à Auxonne où le lieutenant Bonaparte traîne tour à tour sa misère, cette misère ne surprend personne, elle ne détonne point, elle apparaît presque comme toute naturelle.*

Bonaparte, logeant en garni, dans une petite chambre de quinze livres par mois, Bonaparte, chaque matin, déposant un sou sur le coin du comptoir d'un pâtissier et emportant une brioche qu'il grignote en se rendant au champ de manœuvre, Bonaparte relancé par son tailleur auquel il doit sept ou huit livres, Bonaparte traînant sur les pavés des petites villes des bottes éculées, des vestes râpées, cela n'a rien pour surprendre ses collègues, fils de famille riches et élégants, et il leur paraît tout simple que ce petit Corse, ce boursier du roi vive cette bohème. C'est son sort, il n'a pas à récriminer ; bien heureux encore, doit-il s'estimer, d'être sorti de l'obscurité où gît sa famille, là-bas, dans l'île lointaine et à peine française. Que peut-il attendre de mieux? Quel espoir peut-il caresser?

Eux, les beaux garçons, savent ce qui les attend ; leur exil cessera bientôt, dans ces humbles villes de province ; leur famille approche du trône et le roi les appellera bientôt vers lui, leur fortune leur permettra d'acheter un régiment et ils finiront pour le moins colonels ou maistres de camp, tandis que ce petit Monsieur de Buonaparte s'estimera tout heureux et tout aise, sans doute, de se hausser au grade de capitaine, peut-être commandant, si quelque guerre heureuse lui vient en aide, et, à cinquante ans, il retournera dans sa Corse, ayant accompli sa destinée d'une façon convenable pour lui et les siens...

Aussi, les misères du lieutenant Buonaparte n'intéressent personne, et il peut manger ses brioches d'un sou, loger dans une soupente, se privant de domestique, brosser lui-même ses pauvres vêtements, l'affaire est sans importance et dans l'ordre tout naturel des choses établies...

Et l'on comprendra que pour ce lieutenant qui fait si peu de bruit dans le monde, qui passe inaperçu, et traîne obscurément ses années de misère, l'Histoire, la modeste Chronique même, ait négligé d'aiguiser son stylet.

L'on sait très peu de choses sur la vie du lieutenant Bonaparte, en dehors de ce que Napoléon a bien voulu en raconter dans le Mémorial.

Pourtant, si humble, si ignoré que fût ce modeste lieutenant corse, des documents devaient exister, certes, des souvenirs demeurés dans la mémoire et que dut réveiller l'ascension de Napoléon.

Ces souvenirs, ces documents, M. Frédéric Masson a su les chercher et les découvrir.

Il y a quelque temps, un très savant et très distingué bibliophile de Valence, M. Collomb, nous signalait une plaquette due à l'un de ses compatriotes, et qui minutieusement, jour par jour, pour ainsi dire, retraçait la vie et les misères du lieutenant Buonaparte, durant les deux séjours qu'il fit à Valence.

L'ouvrage de M. Marius Lety, qui parut en 1885, *cent ans justement après le séjour de Bonaparte à Valence, fourmille de détails curieux, nouveaux, intéressants, que l'auteur nous pardonnera d'avoir reproduits.*

Ayant vécu dans le lieu même où Bonaparte fit ses premières armes, ayant eu, même, la bonne fortune de rencontrer quelques vieillards, qui avaient pu connaître le héros, nul mieux que M. Marius Lety ne pouvait donner une œuvre plus vivante sur le séjour à Valence du jeune lieutenant d'artillerie.

M. Marius Lety a pu enfin faire revivre, pour ainsi dire, en précisant le cadre, cette fameuse idylle avec Mlle du Colombier, si vive encore au cœur de l'Empereur que, trente années après, à Sainte-Hélène, la saveur des cerises qu'il avait mangées avec sa petite amie embaumait encore son cœur.

Pour évoquer Les Misères du Lieutenant Bonaparte, *quel meilleur guide pouvions choisir?*

RODOLPHE BRINGER.

Les Misères
du
Lieutenant Bonaparte

CHAPITRE I

Bonaparte à Valence

Au mois de septembre 1795, Bonaparte fut nommé sous-lieutenant d'artillerie au régiment de La Fère.

La promotion dont Napoléon faisait partie comprenait cinquante-huit lieutenants en second affectés à l'artillerie, et Bonaparte y était classé le 42e ;

Sur ces cinquante-huit promus, huit seulement venaient de l'École militaire.

Des huit élèves promus, trois furent désignés pour le régiment de La Fère : Lelieur de Ville-sur-Arce, Bonaparte et le chevalier des Mazis.

Ces deux derniers partirent de concert.

Quand ils quittaient l'école, les élèves sortants recevaient un trousseau complet, se composant de : un uniforme, 12 chemises, 12 cols, 12 paires de chaussons, 12 mouchoirs, 2 bonnets de nuit, 2 paires de bas, une boucle de col en argent, une paire de boucles de souliers et une paire de boucles de jarretières, une épée d'uniforme et un porte-manteau en basane. De plus, il leur était alloué une pension de deux cents livres qu'ils touchaient jusqu'à ce qu'ils fussent nommés capitaines.

Il n'en est pas moins vrai que si, au sortir de l'école militaire, les élèves, sans fortune, comme Bonaparte, n'étaient point livrés à leur seule ressource, ils ne s'en trouvaient pas moins dans un grand embarras, quand on considère leur jeune âge, et surtout leur grande inexpérience de la vie.

On ne sait absolument rien sur ce voyage, long pour l'époque, que fit Bonaparte de Paris à Valence, où garnisonnait le régiment de La Fère.

Ce dut être, assurément, pour ce garçon de quinze ans, qui n'avait jamais rien vu, un perpétuel émerveillement, et surtout une joie sans bornes de se sentir libre enfin de ses actes, échappé à la lourde férule des maîtres, d'être son maître soi-même.

M. Honoré Vieux, dans son *Napoléon à Lyon*, raconte que, *le 25 octobre*, Napoléon et des Mazis arrivèrent à Lyon par les Turgotines, qu'ils se logèrent près du bureau des voitures, à Port-Neuville, qu'ils coururent les cafés et autres lieux de plaisir, eurent bientôt épuisé leur bourse et se trouvèrent heureux de rencontrer un M. Barlet, ancien secrétaire de M. de Marbeuf, que Napoléon connaissait, qui les ravitailla et donna même à son jeune ami une lettre d'introduction pour M. de Tardivon, abbé de Saint-Ruffe qui résidait à Valence.

On peut s'étonner, comme le fait si justement remarquer M. Frédéric Masson, que les règlements, si bien combinés, si sévères, si paternels en même temps, n'aient point prévu dans quels embarras pouvaient se trouver des jeunes gens, des enfants de seize ans, élevés sans nulle vue sur le monde et lâchés ainsi brusquement en pleine vie, avec toutes les tentations d'une indépendance si nouvelle. Peut-être doit-on penser que quelque officier de l'état-major de l'École les accompagnait jusqu'à destination.

Le même auteur ajoute que plus tard, en nivôse an X, le Premier Consul, lorsqu'il vint présider à Lyon la Consulte cisalpine, se montra d'une singulière ingratitude pour ce M. Barlet auquel il refusa sa radiation de la liste des émigrés parce que Barlet, dans sa pétition, avait rappelé l'ancien service rendu.

Les jeunes garçons qui sortaient de l'Ecole Militaire n'avaient point, comme on le conçoit, l'instruction professionnelle nécessaire pour commander à des soldats.

Il y fallait une façon d'apprentissage, et, suivant les règlements en vigueur à cette époque, Bonaparte dut, trois mois durant, monter trois gardes dans chaque grade inférieur à celui de sous-lieutenant, et prendre la grande et la petite semaine comme les sous-officiers.

Ce ne fut donc que le 10 janvier 1786 qu'il fut réellement reçu officier et qu'il prit place dans ce grade.

Le régiment de La Fère, auquel il venait d'être incorporé, se composait de cinq brigades, chacune de quatre compagnies.

Le colonel du régiment était M. le Chevalier de Lance, brigadier des armées du roi.

Le lieutenant-colonel, M. le vicomte d'Uturbie, le major M. Labarrière, le quartier-maître trésorier, M. de Goy.

Bonaparte avait été désigné pour la 5e brigade, qui était celle des bombardiers et dont le chef était M. de Quintin.

Il se trouvait dans la première compagnie de cette brigade ; son commandant était M. Masson d'Autume; son lieutenant en premier M. de Courcy ; son lieutenant en troisième Grosbois ; son sergent-major se nommait Bravier.

En 1811, Sa Majesté l'Empereur reçut une touchante supplique d'un pauvre soldat, réformé, qui n'avait pour vivre qu'une maigre pension de 260 livres : l'Empereur lui envoya 500 francs, car le suppliant se nommait Bravier et rappelait qu'il avait été, à Valence, sous les ordres du lieutenant Bonaparte.

Quant à ses anciens camarades du régiment de La Fère, ceux du moins qui n'émigrèrent pas, Napoléon ne les oublia jamais, et les combla, plus tard, de ses bienfaits.

Un de ses camarades anciens qui le haïssait et que ses opinions royalistes ne rendent point suspect, reconnaît qu'avoir été du régiment de La Fère était un des meilleurs titres qu'on pût invoquer près de lui.

A Sainte-Hélène, comme on le verra plus loin, les noms lui revenaient en foule, les détails sur tel et tel, et l'expression de sa reconnaissance allait à ceux qui, comme le lieutenant-colonel, M. d'Urtubie, avaient rendu facile et agréable son apprentissage d'officier.

***

Voici, en effet, les souvenirs personnels de Napoléon, que Las Cases a recueillis de sa bouche et transcrits dans le *Mémorial*.

En 1787, Napoléon, reçu à la fois élève et officier d'artillerie, sortit de l'école militaire pour entrer dans le régiment de La Fère, en qualité de lieutenant en second ; d'où il passa, dans la suite, lieutenant en premier dans le régiment de Grenoble.

Napoléon, en sortant de l'école militaire, alla rejoindre son régiment à Valence.

Le premier hiver qu'il y passa, il avait pour compagnons de table Lariboisière, qu'il créa depuis, étant empereur, inspecteur général de l'artillerie ; Sorbier, qui a succédé dans ce titre à Lariboisière ; d'Hédouville cadet, ministre plénipotentiaire à Francfort ; Mallet, le frère de celui qui conduisit l'échauffourée de Paris, en 1813 ; un nommé Mabille, qu'au retour de son émigration, l'Empereur plaça, avec le temps, dans l'administration des postes ; Rolland de Villarceaux, depuis préfet de Nîmes ; Desmazzis cadet, son camarade d'école militaire, et le compagnon de ses premières années, auquel il a confié, devenu empereur, le garde-meuble de la couronne.

Il y avait dans le corps des officiers plus ou moins aisés ; Napoléon était au nombre des premiers : il recevait douze cents francs de sa famille (1),

(1) Il est évident que Napoléon exagère un peu, et même beaucoup, comme on le verra plus loin. (N. DE L'E.)

c'était alors la grosse pension des officiers. Deux seulement, dans le régiment, avaient cabriolet ou voiture, et c'étaient de grands seigneurs. Sorbier était l'un de [illegible] deux ; il était fils d'un médecin de Moulins (1).

Napoléon, à Valence, fut admis de bonne heure chez Mme du Colombier ; c'était une femme de cinquante ans, du plus rare mérite ; elle gouvernait la ville et s'engoua fort, dès l'instant, du jeune officier d'artillerie : elle le faisait inviter à toutes les parties de la ville et de la campagne, elle l'introduisit dans l'intimité d'un abbé de Saint-Ruff, riche et d'un certain âge, qui réunissait souvent ce qu'il y avait de plus distingué dans le pays.

Napoléon devait la faveur et la prédilection de Mme du Colombier à son extrême instruction, à la facilité, à la force, à la clarté avec laquelle il en faisait usage ; cette dame lui prédisait souvent un grand avenir.

A sa mort, la Révolution était commencée ; elle y avait pris beaucoup d'intérêt ; et, dans un de ses derniers moments, on lui a entendu dire que, s'il n'arrivait pas malheur au jeune Napoléon, il y jouerait infailliblement un grand rôle.

L'Empereur n'en parle qu'avec une tendre reconnaissance, n'hésitant pas à croire que les relations

(1) Son père avait été médecin en chef de la gendarmerie : c'était un homme très distingué par sa conscience et les qualités aimables de son caractère, ce qui lui attira la bienveillance particulière de Louis XV, dont il reçut le cordon de Saint-Michel et des lettres de noblesse.

distinguées, la situation supérieure dans laquelle cette dame le plaça si jeune dans la société, peuvent avoir grandement influé sur les destinées de sa vie.

L'existence privilégiée de Napoléon lui attira une extrême jalousie de la part de ses camarades : ils le voyaient avec peine s'absenter si souvent d'au milieu d'eux, bien que ce ne fût nullement à leur détriment sous aucun rapport.

Heureusement, le commandant, M. d'Urtubie, vieillard respectable, l'avait parfaitement jugé ; il ne cessa de lui être favorable et de lui faciliter tous les moyens d'allier les biens du service avec les agréments de la société.

Napoléon prit du goût pour Mlle du Colombier, qui n'y fut pas insensible : c'était leur première inclination à tous deux, et telle qu'elle pouvait être à leur âge avec leur éducation.

— « On n'eût pas pu être plus innocent que nous, disait l'Empereur ; nous nous ménagions de petits rendez-vous ; je me souviens encore d'un, au milieu de l'été, au point du jour ; on le croira avec peine, tout notre bonheur se réduisit à manger des cerises ensemble. »

Il est faux, du reste, ainsi que je l'avais entendu dire dans le monde, que la mère ait voulu ce mariage, et que le père s'y soit opposé, alléguant qu'ils se nuiraient l'un à l'autre en s'unissant ; tandis qu'ils étaient faits pour faire fortune chacun de leur côté.

L'anecdote qu'on raconte au sujet d'un pareil mariage avec Mlle Clary, depuis Mme Bernadotte, aujourd'hui reine de Suède, n'est pas plus exacte.

L'Empereur, en 1805, allant se faire couronner roi

d'Italie, retrouva à Lyon Mlle du Colombier, devenue Mme de Bressieux.

Elle pénétra à lui avec cette difficulté qui entoure les souverains.

Il la revit avec grand plaisir; mais il la trouva furieusement changée.

Il fit pour son mari ce qu'elle désirait, et la plaça, elle-même, dame chez une de ses sœurs.

Mlles de Laurencin et Saint-Germain faisaient dans ce temps-là les beaux jours de Valence, et s'y partageaient tous les cœurs; la dernière est devenue Mme de Montalivet, dont le mari fut alors aussi fort connu de l'Empereur, qui l'a fait depuis son ministre de l'intérieur.

« Honnête homme, qui m'est demeuré, je crois, disait Napoléon, toujours tendrement attaché. »

L'Empereur, à dix-huit et vingt ans, était des plus instruits, pensant fortement, et de la logique la plus serrée.

Il avait immensément lu, profondément médité, et a peut-être perdu depuis, dit-il.

Son esprit était vif, prompt; sa parole énergique; partout il était aussitôt remarqué, et obtenait beaucoup de succès auprès des deux sexes, surtout auprès de celui qu'on préfère à cet âge; et il devait lui plaire par des idées neuves et fines, par des raisonnements audacieux.

Les hommes devaient redouter sa logique et sa discussion, auxquelles la connaissance de sa propre force l'entraînait naturellement.

Beaucoup de ceux qui l'ont connu dans les premières années lui ont prédit une carrière extraordinaire ; aucun d'eux n'a été surpris de celle qu'il a remplie.

Vers ce temps il remporta, sous l'anonyme, un prix à l'Académie de Lyon, sur la question posée par Raynal : « *Quels sont les principes et les institutions à inculquer aux hommes, pour les rendre le plus heureux possible?* »

Le mémoire anonyme fut fort remarqué ; il était, du reste, tout à fait dans les idées du temps ; il commençait par demander ce qu'était le bonheur, et répondait de jouir complètement de la vie, de la manière la plus conforme à notre organisation morale et physique.

Devenu empereur, il causait un jour de cette circonstance avec M. de Talleyrand ; celui-ci, en courtisan délicat, lui rapporta, au bout de huit jours, ce fameux mémoire, qu'il avait fait déterrer des archives de l'académie de Lyon.

C'était en hiver, l'Empereur le prit, en lut quelques pages, et jeta au feu cette première production de sa jeunesse.

« Comme on ne s'avise jamais de tout, disait Napoléon, M. de Talleyrand ne s'était pas donné la peine d'en faire prendre copie. »

Le prince de Condé s'annonça un jour à l'école d'artillerie d'Auxonne : c'était un grand honneur et une grande affaire que de se trouver inspecté par ce prince militaire.

Le commandant, en dépit de la hiérarchie, mit le jeune Napoléon à la tête du polygone, de préférence à d'autres d'un rang supérieur.

Or il arriva que la veille de l'inspection tous les

canons du polygone furent encloués; mais Napoléon était trop alerte, avait l'œil trop vif, pour se laisser prendre à ce mauvais tour de ses camarades ou peut-être même au piège de l'illustre voyageur.

On croit généralement, dans le monde, que les premières années de l'Empereur ont été taciturnes, sombres, moroses; mais au contraire, en débutant au service, il était fort gai.

Il n'a pas de plus grand plaisir ici que de nous raconter les espiègleries de son école d'artillerie; il semble oublier alors momentanément les malheurs qui nous enchaînent (1), quand il s'abandonne aux détails de ces temps heureux de sa première jeunesse.

C'était un vieux commandant de plus de quatre-vingts ans, qu'ils vénéraient fort du reste, lequel venant un jour leur faire faire l'exercice du canon, suivait chaque coup avec sa lorgnette, assurait qu'on devait avoir été bien loin du but; s'inquiétait, s'informait à ses voisins si quelqu'un avait vu porter le coup; personne n'avait garde, les jeunes gens escamotant le boulet toutes les fois qu'ils chargeaient.

Le vieux général avait de l'esprit; au bout de cinq à six coups il lui prit fantaisie de faire compter les boulets, il n'y eut pas moyen de s'en dédire; il trouva le tour fort gai, et n'en ordonna pas moins les arrêts à tous.

Une autre fois, c'étaient quelques-uns de leurs capitaines qu'ils prenaient en grippe, ou bien desquels ils avaient quelque vengeance à tirer; ils arrêtaient

(1) C'est à Sainte-Hélène, ne l'oublions pas, que Las Cases écrivait le *Mémorial* sous la dictée de l'Empereur.

alors de les bannir de la société, de les réduire à s'imposer eux-mêmes des espèces d'arrêts.

Quatre à cinq jeunes gens se partageaient les rôles, et s'attachaient aux pas du malheureux proscrit ; ils se trouvaient partout où celui-ci paraissait en société, et il n'ouvrait pas la bouche qu'il ne fût aussitôt méthodiquement contredit dans les formes les plus polies, avec esprit et logique ; le malheureux n'avait plus qu'à déguerpir.

« — Une autre fois encore, c'était un camarade, disait Napoléon, logeant au-dessus de moi, qui avait pris le goût funeste de donner du cor ; il assourdissait de manière à distraire de toute espèce de travail. On se rencontre dans l'escalier.

« — Mon cher, vous devez bien vous fatiguer avec votre cor ?

« — Mais non, pas du tout.

« — Eh bien ! vous fatiguez beaucoup les autres.

« — J'en suis fâché.

« — Mais vous feriez mieux d'aller donner de votre cor plus loin.

« — Je suis maître dans ma chambre.

« — On pourrait vous donner quelque doute là-dessus ?

« — Je ne pense pas que personne fût assez osé. »

Duel arrêté ; le conseil des camarades examine, avant de le permettre, et il prononce qu'à l'avenir l'un ira donner du cor plus loin, et que l'autre sera plus endurant.

L'Empereur, dans la campagne de 1814, retrouva son donneur de cor dans le voisinage de Soissons ou de Laon : il vivait sur sa terre, et venait donner des renseignements importants sur la position de l'ennemi.

L'Empereur le retint et le fit son aide de camp, c'était le colonel Bussy.

Napoléon, dans son régiment d'artillerie, suivait beaucoup la société partout où il se trouvait, et toujours avec beaucoup de succès.

Les femmes, dans ce temps, accordaient beaucoup à l'esprit : c'était alors auprès d'elles le grand moyen de séduction. Il fit, à cette époque, ce qu'il appelle son Voyage sentimental de Valence au Mont-Cenis, en Bourgogne, et fut au moment de l'écrire à la façon de Sterne.

Le fidèle Desmazzis était de la partie, il ne le quittait jamais ; et ses récits, sur la vie privée de Napoléon, venant à se rattacher à sa vie publique, pourraient donner la vie entière de l'Empereur.

On verrait que bien qu'elle soit extraordinaire dans les événements, il n'en est pas de plus simple ni de plus naturelle dans sa course.

Les circonstances et la réflexion ont beaucoup modifié son caractère.

Il n'est pas jusqu'à son style, aujourd'hui si serré, si laconique, qui ne fût alors emphatique et abondant.

Dès l'Assemblée législative, Napoléon devint grave, sévère dans sa tenue et peu communicatif.

L'armée d'Italie fut encore une époque pour son caractère. Son extrême jeunesse, quand il en vint prendre le commandement, demandait une grande réserve et la dernière sévérité de mœurs :

« C'était nécessaire, indispensable, disait-il, pour pouvoir commander à des hommes tellement au-dessus de moi par leur âge. Aussi ma conduite y fut-elle irréprochable, exemplaire ; je me montrais une espèce de Caton, je le dus paraître à tous les yeux, et j'étais en effet un philosophe, un sage. »

C'est avec ce caractère qu'il s'est présenté sur la scène du monde.

Napoléon se trouvait en garnison à Valence au moment où commença la révolution ; et bientôt on attacha une importance spéciale à faire émigrer les officiers d'artillerie; ceux-ci, de leur côté, étaient fort divisés d'opinions. Napoléon, tout aux idées du jour, avec l'instinct des grandes choses et la passion de la gloire nationale, prit le parti de la révolution, et son exemple influa sur la grande majorité du régiment. Il fut très chaud patriote sous l'Assemblée constituante ; mais la Législative devint une époque pour ses idées et ses opinions.

***

Il y a certes beaucoup à redire et à reprendre sur ce que Napoléon racontait ainsi à Sainte-Hélène.

A la vérité, il n'était pas riche, avait beaucoup à souffrir de sa misère, surtout devant le luxe exhibé par des camarades plus fortunés, et il était très malheureux.

D'ailleurs, sur son séjour à Valence, nous ne pouvons mieux faire que nous en rapporter à l'étude si consciencieuse de M. Marius Lety (1).

***

— Mademoiselle, pourriez-vous m'indiquer la demeure de Mlle Bou ?

(1) Bonapârte à Valence, Tournon, 1895.

Celui qui s'exprimait ainsi était un jeune homme d'environ dix-sept ans, au teint légèrement olivâtre, à l'œil expressif, aux traits amaigris, portant cavalièrement l'uniforme de lieutenant d'artillerie.

C'était Bonaparte qui, nouvellement muni de son brevet de lieutenant en second, venait de Paris; rejoindre, à Valence, le régiment d'artillerie de La Fère.

Cela se passait au commencement d'octobre 1785.

— Monsieur, répondit la jeune fille interrogée, vous traverserez la place des Clercs que voici, et la deuxième maison à votre gauche, formant angle de la rue du Croissant et donnant sur la Grand'Rue, sera celle que vous cherchez.

Bonaparte remercia en saluant et s'éloigna, tandis que son interlocutrice, tirant de son côté, lui jeta à la dérobée un regard où se lisait cette bienveillance qui a tant de charme dans les yeux d'une femme.

Sans être un Antinoüs et sans annoncer cette beauté antique qui éclatera, vingt ans plus tard, ainsi que le constatent les médailles impériales, Bonaparte avait des traits d'une expression remarquable, et voici le portrait que l'on traçait de lui à cette époque :

« Petit de taille, mais droit et svelte, il portait dans son maintien un mélange de décision, de brusquerie et de gravité, qui empêchait de voir en lui un jeune homme vulgaire. Sa tête, beaucoup trop grosse pour sa taille, réparait ce défaut, commun du reste dans sa famille, par le plus large et le plus noble front, un œil d'aigle, et une bouche qui, dans la bienveillance, avait un charme inexprimable, et, dans la colère, une beauté terrible. Tous les orages intérieurs flamboyaient dans ce regard étincelant, et déjà, comme sur le trône, toutes les séductions étaient réunies dans ce caressant et spirituel sourire » (1).

Quant à ses mains, nous apprend Mme d'Abrantès, « la plus coquette des femmes s'en serait enorgueillie, tant la peau qui recouvrait des muscles d'acier et des os de diamant était souple et blanche ».

Divers jugements ont été portés sur son caractère : les uns l'ont faussé et dénaturé, en représentant ce jeune homme, presque un enfant alors, en pédant guindé débitant des maximes politico-humanitaires que n'aurait pas désavouées Sancho Pança, tandis que les autres en font un muscadin poudré, frisé, pomponné, fleuretant de femme en femme.

Il n'était ni l'un ni l'autre, mais d'un tempérament ardent, enthousiaste, passant subitement de l'enjouement à la réserve, avec une teinte de timidité un peu sauvage, comme on est à dix-huit ans, surtout lorsque, dans les veines, bouillonne le sang impérieux des races méridionales.

Mais, malgré cette fougue de nature, telle était la puissance qu'il avait déjà sur lui-même, que, pendant les dix-huit mois qu'il séjourna à Valence, à deux reprises, il ne figura pas une seule fois sur le tableau des officiers censurés.

Cette volonté, rigide comme l'acier le mieux trempé, il sut la pétrir, la façonner aux exigences de la discipline militaire, parfois tracassière, absurde, injuste même.

Fait pour commander plus tard, il comprenait ins-

(1) Salvandy, de l'Académie. *Dictionnaire de la Conversation et de la Lecture*, 13e livraison.

tinctivement que, pour se faire obéir, il devait commencer par obéir lui-même, mérite d'autant plus grand chez un homme de génie, que le joug de la discipline militaire qui pèse sur lui est autrement lourd que sur une âme vulgaire.

D'abord logé par billet chez Mlle Bou qui tenait un café, Bonaparte ne tarda pas à s'entendre avec cette personne qui lui loua une chambre meublée au deuxième étage de l'immeuble, dont les croisées s'ouvraient sur la Grand'Rue, presque en face de la maison des Têtes, remarquable par sa façade couverte de sculptures et de statues dans le style énorme et grimaçant du moyen âge, dont on voit encore des vestiges, mais qui vont s'effritant sous l'aile du Temps.

Tandis qu'accoudé à sa croisée, le jeune lieutenant considérait ces ruines d'un autre âge, se doutait-il qu'un jour viendrait où le modeste logis qu'il occupait serait, de la part des étrangers, un objet de respectueuse curiosité?

Jusqu'en 1871 on a pu voir sur la façade de cette maison une plaque en marbre relatant en lettres d'or le séjour de Bonaparte à Valence.

Cette plaque a disparu pour donner satisfaction aux susceptibilités bêtes de la politique.

Et dire qu'un jour viendra où tout ce qui aura approché Napoléon, tout ce qui aura été touché par lui sera disputé comme relique, comme les visiteurs, à Sainte-Hélène, se disputent les feuilles du saule qui ombrage sa tombe. Ce jour n'est-il pas venu? Mais retournons à Bonaparte.

Le jeune lieutenant, qui était recommandé à

M. de Tardivon, abbé de Saint-Ruf, ne manqua pas, dès les premiers jours de son arrivée à Valence, d'aller faire une visite à son protecteur qui le reçut avec une grâce charmante.

Subissant cette séduction que le conquérant devait plus tard exercer d'une façon si intense sur tous ceux qui l'approchaient, M. l'abbé, qui se plaisait dans la société et à la conversation de Bonaparte, l'admit assidument à ses soirées et à ses soupers.

Il fit mieux, il l'introduisit dans le monde. Voilà notre lieutenant lancé.

S'il y a le monde où l'on s'ennuie, il y a aussi le monde où l'on s'amuse, et dans le monde où l'on s'amuse, l'on danse.

Bonaparte ignorait le premier pas de la science chorégraphique de Vestris. Pour parler net, il ne savait pas danser.

En pareil cas, on s'adresse à un professeur en cet art. C'est ce qu'il fit.

Il y avait alors à Valence un maître de danse, du nom de Dautel, qui, moyennant un prix abordable, enseignait le menuet, les battus et autres ronds de jambe à la jeunesse dorée des deux sexes.

M. Dautel était un brave homme, très consciencieux dans son art.

Grâce à lui, Bonaparte put bientôt se tirer tant bien que mal des pas coupés, chassés ou glissés, qui n'en sont pas moins, parfois, de mauvais pas pour celui que la nature n'a point doué d'aptitudes spéciales. Et la vérité m'oblige à confesser que, sous ce rapport, le jeune lieutenant d'artillerie n'était pas un danseur remarquable.

Sur ce chapitre, M. Frédéric Masson, dans *Napoléon chez lui*, nous fournit des renseignements qui ne manquent point d'intérêt.

Bonaparte, nous apprend M. Masson, ne dansait que dans l'intimité, et ordinairement des contredanses.

La valse l'étourdissait.

Ce qu'il préférait, c'était le *Grand-Père*, une sorte de cotillon de l'époque, ou mieux un amusement de société, qui débutait par une promenade que prolongeait à son gré le couple conducteur, se continuant par des figures ordonnancées par le dit couple, la danseuse dans un fauteuil, les danseurs à genoux autour d'elle et formant au-dessus de sa tête un berceau avec leurs bras, lui débitant toutes les jolies choses, tous les marivaudages qui leur venaient à l'esprit.

On était assuré d'avoir Bonaparte quand on devait danser le *Grand-Père*.

— Je reviendrai pour le *Grand-Père*, disait-il en souriant.

Et il était rare qu'il ne tînt pas sa parole. C'est donc à tort qu'on a représenté Napoléon comme un homme universel : il n'était qu'un médiocre danseur.

Voilà qui va faire plaisir à ses détracteurs.

Quant à Dautel, retiré des « affaires », il occupa, plus tard, un modeste emploi à la direction des postes de Valence.

La danse, généralement parlant, n'a qu'un temps, bien que la valse en ait plusieurs, et il vient un âge où les muscles n'ont plus la même souplesse, faute de cette huile qui s'appelle la jeunesse.

Vers 1808, dans une situation pécuniaire peu aisée, il se souvint de son auguste élève, et il lui adressa le placet suivant qui ne manquait pas d'esprit pour un ancien maître de danse :

« Sire,

« Celui qui vous a fait faire le premier pas dans le monde, se recommande à votre « générosité ».

L'Empereur s'empressa de nommer son introducteur dans le monde, contrôleur des Droits-Réunis. Le brave homme n'occupa ce poste que quelques mois. Il s'éteignait le 1er janvier 1809.

L'honnête et modeste Dautel était moins présomptueux que son collègue de Paris, Marcel, le fameux maître de danse, qui donnait des leçons au jeune Malesherbes, lequel fut plus tard chancelier et l'avocat du malheureux Louis XVI. Marcel prétendait connaître les aptitudes d'une personne, son caractère, ses qualités intellectuelles et morales, rien qu'en la voyant marcher, à plus forte raison danser.

Malesherbes, comme Bonaparte, était rebelle aux entrechats et aux flics-flacs, à tel point que le professeur s'en ouvrit au père de son élève en termes aussi pompeux que le pas dansé par David devant l'Arche-Sainte : « Monsieur le président, lui dit-il, je dois à la confiance dont vous avez daigné m'honorer, de venir vous déclarer, non seulement que monsieur votre fils ne dansera jamais bien, mais encore qu'il est incapable de réussir, ni dans la magistrature, ni dans l'armée, et qu'à la manière dont il marche vous ne pouvez raisonnablement le placer que dans l'Église ».

Le perspicace Marcel eût certainement pronostiqué

à Bonaparte qu'il finirait ses jours dans une modeste cure de campagne.

***

Entre autres maisons où l'abbé de Saint-Ruf avait introduit son protégé, il faut citer celle de Mme Grégoire du Colombier qui habitait la campagne, au quartier de Basseaux situé à 12 kilomètres au sud-est de Valence, à 2 kilomètres 1/4 au nord-ouest d'Etoile, et à 1 kilomètre environ au nord-est du relai de poste (à cette époque) de la Paillasse.

Mme du Colombier apprécia bien vite les qualités de Bonaparte, son caractère enjoué et sérieux tout à la fois, et surtout la solidité de son instruction qui tranchait sur celle des jeunes gens de son âge, dont la frivolité forme ordinairement le fonds.

Elle prit en amitié le jeune homme, et dans cette amitié entrait cette nuance qui lui donne tant de charme, l'affection maternelle. Mme du Colombier rappelait à Bonaparte sa mère absente.

C'est dire que ce dernier ne tarda pas à être de la maison. Il y venait souvent.

Il y venait, attiré par les bontés de son hôtesse — et il y voyait Mlle du Colombier qui était une charmante et gracieuse jeune fille, à peu près de l'âge de Bonaparte.

Le printemps de 1786 touchait à sa fin, et les premiers rayons du soleil de floréal rougissaient les cerisiers.

La campagne autorise un laisser-aller, une familiarité que n'admet pas la pruderie des salons de la ville.

Les deux jeunes gens mettaient à profit cette

permission tacite pour faire de fréquentes et longues visites au verger complanté principalement de cerisiers.

Ils y étaient nombreux et de belle venue, un surtout, énorme, qui fut le dernier survivant, et dont on montrait encore en 1830 le tronc aux visiteurs, curieux de voir les lieux témoins de la fraîche et poétique idylle entre l'homme qui devait bientôt être le maître du monde, et une aimable enfant dont la destinée n'était pas de laisser après elle une trace aussi éblouissante que celle de son illustre compagnon.

Mais elle a laissé un souvenir empreint d'une fraîcheur exquise, et le cœur de Napoléon a dû en être parfumé plus tard, lorsque viennent les heures sombres, et que notre pensée, avec l'espoir d'y trouver un apaisement, remonte le fleuve des jours qui ne sont plus (1).

On voit à Basseaux un portrait de Mlle du Colombier.

C'est une brune splendide, avec une carnation blanche et rosée, sous laquelle on devine un sang généreux et une santé florissante

Des yeux noirs, largement ouverts, reflétant la franchise, de forme un peu ronde, ce qui leur donne une certaine vivacité qu'aiguisent encore des cils bien dessinés et admirablement fournis, mais que tempère une bouche aux lèvres un peu épaisses, voluptueusement moulées en cœur et respirant une charmante bonhomie.

Une abondante chevelure noire forme une auréole à son front d'un modelé parfait.

(1) Bonaparte, comme on l'a vu, s'en est souvenu à Sainte-Hélène, quand il dictait le *Mémorial*.

La poitrine est découverte, comme le voulait la mode de l'époque, et dans les blancheurs satinées de la peau monte le corsage de velours noir taillé en pointe.

Il n'y a rien d'altier, rien d'impérial dans cette figure ; elle est au contraire imprégnée de cette beauté troublante, d'autant plus irrésistible qu'elle vous attire comme un sourire, comme tout ce qui est franc et sincère.

On comprend sans peine que Bonaparte, dès le premier jour, ait subi le charme de ces yeux si franchement ouverts, lui dont la finesse native lui permettait de démêler les pensées dans ce miroir de l'âme.

N'y lisant que la droiture et la bonté, il s'est abandonné aux impulsions de son cœur, semblable au nageur se livrant, plein de confiance, aux flots d'azur qui ne cachent aucun gouffre.

Les cerises n'attirent pas seulement les moineaux ; elles attirent aussi la jeunesse dont elles sont l'image, précédant les autres fruits et passant vite comme nos premières années.

Que les cerises aient exercé un puissant attrait sur Bonaparte et Mlle Caroline du Colombier, ou qu'elles n'aient été qu'un prétexte à entrevues, une occasion d'échanger un tendre regard, une furtive pression de mains, qu'à la rigueur autorisait la cueillette du fruit à chair vermeille, toujours est-il que les deux jeunes gens avaient un extrême plaisir à se voir.

Ils formaient un couple charmant, elle, gracieuse et légère comme un oiseau, dans sa robe de couleur claire, que l'on portait beaucoup à cette époque ; lui, d'une gaîté plus grave et même un peu timide, dans son uniforme aux tons sévères.

Forcément, dans cet encadrement d'arbres piqués de fruits rouges, ce tableau évoque celui de Rousseau cueillant aussi des cerises en compagnie de Mlles Galley et de Garffenried — si ce n'est que Rousseau était... Rousseau, et que cueillir des cerises à trois doit être aussi ennuyeux que de cueillir des fraises à trois, du moins, c'est la chanson qui le dit.

Ce n'est cependant pas une raison pour pousser les choses à mal, parce que Bonaparte et Mlle du Colombier n'avaient, la plupart du temps, personne en tiers dans leurs entrevues.

Bien que plusieurs romanciers aient laissé courir leur imagination sur ce canevas ; bien qu'ils aient brodé, en style de la *Nouvelle Héloïse*, des épisodes où la fantaisie a plus de part que la réalité, je le répète, les « amours » de Bonaparte et de Mlle du Colombier n'ont été qu'une idylle champêtre, au temps des cerises, comme presque tous nous en avons eues.

Une étude historique, publiée en 1842 dans le *Courrier de la Drôme*, nous apprend que Bonaparte n'était pas seul à courtiser Mlle du Colombier.

Il avait pour rivaux trois de ses collègues, comme lui lieutenants en second, MM. de Menoir, Hermet de Vigneux et Raget de Fontanille, qui auraient été congédiés.

Toujours d'après l'auteur de cette étude, Bonaparte aurait été lui-même évincé au profit de M. Garempel de Bressieux.

Or, ainsi qu'on le verra plus loin, M. Garempel

épousa Mlle Caroline du Colombier le 31 mars 1792, c'est-à-dire six ans après le départ du lieutenant d'artillerie pour Lyon, à la suite de son premier séjour à Valence, époque des « premières amours » de Bonaparte avec Mlle du Colombier.

Quand il y revint, après une absence de cinq ans, pour en repartir au mois d'octobre 1791, ces amours ne battaient plus que d'une aile, si toutefois même elles battaient encore.

L'amoureux n'a donc pas dû être évincé ; je crois plutôt qu'il s'est évincé lui-même, et quand M. Garempel s'est présenté, la place était absolument libre.

Ce qui autorise cette supposition, ce qui la change même en certitude, c'est que, plus tard, M. Garempel et sa femme (Mlle du Colombier) furent comblés des faveurs de l'Empereur.

Est-ce là la conduite d'un amoureux évincé? surtout quand cet amoureux est un Corse qu'on nous représente d'une susceptibilité extrême et jaloux comme un Maure.

Je sais bien qu'un roi de France a dit qu'il oubliait les injures à lui adressées pendant qu'il était prince, mais il y a injure et injure, et les blessures du cœur sont autrement sensibles que celles faites à l'amour-propre.

Le lieutenant d'artillerie ne fut donc pas évincé, ainsi que se plaît à le dire, sans preuve, l'auteur du roman.

Et si je ne craignais de manquer de galanterie à la mémoire d'une charmante femme, je croirais que c'est plutôt le contraire, ne voyant dans les faveurs accordées à M. et Mme Garempel qu'une de ces délicatesses destinées, dans la pensée de l'Empereur, à se faire pardonner le lieutenant.

Mais j'aime mieux me persuader qu'il y a eu évincement mutuel, graduel, sans secousse, provoqué par une absence de cinq ans succédant, disons le mot, à une amourette de jeunesse, à un de ces feux de paille aussi vite éteints qu'ils ont été rapides à allumer, et non à une de ces passions qui jettent dans notre cœur de si profondes racines, qu'à vouloir les en arracher, le cœur vient avec.

Et cependant...

Il y a quelques années, M. Frédéric Masson, à qui il faut toujours revenir, quand il s'agit de Napoléon, publiait dans la *Revue de Paris*, un document qui jette un nouveau jour sur cette question.

Ce document, écrit de la main de l'Empereur, enfoui avec d'autres papiers dans un carton, après avoir subi une bizarre destinée, n'a attiré l'attention que vers 1880, et c'est seulement il y a quelques années qu'il fut livré à la publicité par M. Frédéric Masson.

C'est un dialogue, en 1791, entre Bonaparte, alors lieutenant à Valence, et un de ses amis, le *chevalier des Mazis*, qui fut plus tard son chambellan.

L'amour est le sujet de l'entretien, et le chevalier des Mazis, qui est sous l'influence de cette passion, en vante les délices à son camarade qui lui répond :

— « Moi aussi j'ai été amoureux (voulait-il faire allusion à Mlle du Colombier et aux premières cerises?), mais je crois que l'amour est nuisible à la société, au bonheur individuel des hommes...

Et comme son interlocuteur se récriait,

« — Mais, chevalier, voyez votre position. S'il fallait défendre la patrie attaquée, que feriez-vous? A quoi êtes-vous bon? Confiera-t-on le bonheur de vos semblables à un enfant qui pleure sans cesse, qui s'alarme ou se réjouit au seul mouvement d'une autre personne? Confiera-t-on le secret de l'Etat à celui qui n'a point de volonté?

« — Eh! que m'importe l'État et ses destinées! s'écrie le chevalier, emporté par la fougue de sa passion.

« — Ah! chevalier, que vous importe l'État, vos concitoyens, la société!... Voilà bien les suites d'un cœur relâché, abandonné à la volupté, et sans force... »

Si je reproduis ces citations, qui me donnent complètement raison, c'est pour démontrer que, jusqu'à cette époque, l'amour avait pu occuper l'imagination de Bonaparte, mais n'avait point entamé son cœur.

Il était à cette période de la vie où deux enchanteresses se disputent l'homme, le précédant, comme les joueurs de flûte précédaient les triomphateurs romains, et cherchant à l'attirer, chacune dans son chemin, l'une sous les traits de la Volupté, l'autre sous les traits de la Gloire.

Il préféra suivre la seconde.

La première l'eût paralysé, car, ainsi qu'il le dit très bien, de quoi peut être capable un homme « qui se réjouit ou s'alarme au mouvement d'une autre personne ».

Je le répète, ce fut une idylle, et elle fut courte. Avec Bonaparte, il devait en être ainsi. Le véritable homme d'action ne doit être sentimental que juste ce qu'il faut pour ne pas perdre de vue les destinées vers lesquelles il se sent attiré.

Quant à dire qu'il a passé à Basseaux à côté de son bonheur sans le voir, c'est autre chose. Oui, pour certaines natures, le bonheur était là ; pour d'autres, non. Un aigle n'est point fait pour roucouler dans la cage dorée des tourterelles.

Néanmoins, les visites aux dames du Colombier ne faisaient pas négliger à Bonaparte des fréquentations d'un ordre plus élevé.

Un jour qu'il causait religion avec Mgr de Grave, évêque de Valence :

— Mon fils, lui dit le pieux prélat, quelle précieuse récompense, un trône dans le ciel !

— Oui, répondit Bonaparte, qui alors ne visait pas si haut, mais, en attendant, je voudrais bien passer capitaine.

C'est M. François de Sucy de Clisson, un Valentinois, qui l'avait fréquenté et qui répondit, quelques années plus tard, à un ami désireux de connaître l'opinion qu'il avait sur Bonaparte dont la réputation et les exploits étaient en train de faire le tour du monde :

« A un homme comme Bonaparte, disait M. de Sucy, la destinée n'a marqué aucune autre limite que le trône ou l'échafaud » et non le trône et l'échafaud — ce qui est bien différent — ainsi que se plaît à le dire Mme la baronne de P..., de Valence, dans son livre, *Mes Souvenirs* (1).

(1) Dans ce livre, Mme la baronne adresse un sanglant reproche au jeune lieutenant qu'elle accuse d'égoïsme, parce qu'il n' « était pas capable de travailler pour d'autres que pour lui-même, ni

Malepeste ! M. de Sucy n'était pas pour les moyens termes, comme l'on voit. Le trône ou l'échafaud !

Heureusement que sa prophétie s'est réalisée du bon côté.

En attendant de monter sur le trône ou sur l'échafaud, Bonaparte allait prendre régulièrement ses repas à l'hôtel des *Trois Pigeons* tenu par un sieur Geny, et situé rue Perollerie — dans la maison occupée aujourd'hui par Mme veuve Aymond, portant le no 5.

C'était là que mangeaient avec lui les lieutenants de son régiment.

L'hôtel des *Trois Pigeons*, tenu ensuite par un nommé Raymond, est, ainsi que je viens de le dire, la propriété de Mme Aymond qui, avec une extrême complaisance, m'a fourni plusieurs renseignements relatifs à la transformation de l'immeuble, aujourd'hui maison bourgeoise.

Les boiseries et placards de la salle où mangeaient les officiers du régiment de La Fère ont été utilisés dans une autre pièce.

Dans la cour on voit encore l'auge en pierre d'environ deux mètres cinquante de long, où Bonaparte abreuvait ses chevaux.

de mettre des bornes à son ambition ». C'est bien vrai que l'on est étonnant dans ce qu'il est convenu d'appeler le « grand monde » ! Aussi, pourquoi Bonaparte, au lieu de songer à lui, n'a-t-il pas songé à Louis XVIII, en travaillant à reculer les bornes de l'ambition de ce monarque ? Voit-on Bonaparte se faisant le brosseur de sa majesté future le comte de Provence ! C'eût été pour le moins grotesque. Dans la démocratie, Madame la baronne, chacun travaille pour soi. (M. L.).

Cette maison, presque adossée à celle de Mlle Bou, dont elle n'est séparée que par la ruelle du Croissant, qui contourne, ainsi que l'indique son nom, possédait et possède encore une large ouverture donnant sur la dite rue du Croissant qui conduit elle-même à la Grand'Rue, de sorte que le lieutenant d'artillerie n'avait que quelques pas à faire pour se rendre à sa pension.

Dans une excursion qu'il fit à Rochecombe, en gravissant cette montagne de l'ancien Dauphiné, genre d'exercice qui lui plaisait beaucoup et qui s'alliait avec sa nature pleine d'activité, il s'écria en respirant à pleins poumons l'air du ciel, plus vif que celui de la terre :

— Ah ! qu'il fait bon s'élever au-dessus de l'horizon !

Paroles qui se sont réalisées.

En juin 1786, en allant visiter la Grande-Chartreuse, il s'arrêta à Romans où il fit la connaissance d'un monsieur Lambert, homme de beaucoup d'esprit et qui devint son ami. M. Lambert était un habitué du café Coppin, sur la Grande-Place.

C'était là que Bonaparte allait le demander, lorsque les loisirs que lui laissait son métier lui permettaient de pousser une pointe jusqu'à Romans dont les habitants lui montrèrent une grande fidélité pendant les événements des Cent-Jours.

Ils se rappelaient avec une certaine complaisance, mélangée d'orgueil, le jeune lieutenant qu'ils avaient vu au milieu d'eux et qui les avait séduits par ses manières simples et sans morgue.

En effet, plus tard, loin de répudier son origine, il se faisait gloire au contraire d'être un parvenu, ainsi que l'appelait dédaigneusement le roitelet de Prusse, sorti lui-même d'oiseaux de proie, les Hohenzolernn.

Un jour qu'il présidait un congrès de souverains, parmi lesquels de hauts personnages politiques et autres, un prélat romain commit une erreur de date sur une question religieuse.

Il la rectifia immédiatement.

Étonnement du prélat ne pouvant comprendre sa compétence en semblables matières.

— Lorsque j'étais lieutenant d'artillerie à Valence, dit Napoléon...

Mouvement d'attention chez ses auditeurs.

— Oui, reprit-il en appuyant sur les mots, lorsque j'avais l'honneur d'être lieutenant d'artillerie...

Et il leur expliqua qu'il avait étudié la question au cours de ses lectures chez le libraire Aurel, fournissant une preuve de plus de la fidélité étonnante de sa mémoire, en même temps qu'il témoignait du peu de prix qu'il attachait aux mérites qui nous viennent de notre naissance.

Quant à M. Lambert, rien ne le désignait à l'attention de la postérité.

Il a suffi que Napoléon l'ait touché de son amitié pour que le nom de ce galant homme survécût.

Bonaparte n'était pas un homme de café.

La banalité des conversations que l'on y entend ne convenait pas à son génie rêveur.

Il préférait les promenades au grand air, en pleine campagne, et parfois ses pas le conduisaient sur les bords du Rhône, à l'endroit où l'Isère se jette dans ce fleuve. C'était là qu'il voyait M. des Landes qui y possédait une maison de plaisance.

Au retour, il aimait à se rafraîchir dans un café de Bourg-lès-Valence, sur le quai, tenu par un nommé Marcelin.

C'est dans ces promenades solitaires qu'il prépara les premiers éléments de son *Histoire politique, civile et militaire de la Corse.*

Et c'est vraisemblablement quelque temps après qu'il prit part au concours ouvert par l'Académie de Lyon, sur ce sujet : *Quels sont les principes et les institutions à inculquer aux hommes pour les rendre le plus heureux possible?*

Le travail de Bonaparte était tellement remarquable, les pensées si élevées, si énergiques et si justes en même temps, et le style pour les exprimer, empreint d'une telle couleur orientale, que les juges n'hésitèrent pas à le classer hors ligne.

Bonaparte n'avait pas encore dix-huit ans.

Sur ces entrefaites, des troubles éclatèrent à Lyon, provoqués par les ouvriers en soie de la Croix-Rousse.

Pour les réprimer, le gouvernement fit appel au 2e bataillon du régiment d'artillerie en garnison à Valence, qui, le 21 août 1786, fut dirigé sur la première de ces deux villes.

Bonaparte eut à peine le temps de faire ses adieux à toutes les personnes dont il partageait l'amitié.

Ceux de Basseaux furent touchants.

Il y eut des promesses échangées, de ces serments dont on est si prodigue à l'heure du départ et quand on est jeune, des soupirs...

Qui sait! le mot toujours fut peut-être prononcé.

Toujours! ces deux syllabes dont on a tant abusé, qui sont l'équivalent de l'infini, alors que, bien souvent, quelques mois, mettons quelques années,

Sont la limite extrême à cette éternité (1).

---

(1) Marius Léty.

CHAPITRE II

Le premier voyage en Corse

Le 1er septembre, Bonaparte obtint un congé de semestre et partit pour Ajaccio.

Il arriva le 15 septembre 1786 — sept ans et neuf mois, après son départ, — il était âgé de dix-sept ans et un mois.

Il en repartit le 12 septembre 1787 : il passa donc une année entière.

« Mon frère Napoléon, dit Joseph dans ses *Mémoires*, obtint enfin un congé.

Il nous arriva et ce fut un grand bonheur pour notre mère et pour moi.

Il y avait plusieurs années que nous ne nous étions vus, mais nous correspondions habituellement par lettres.

L'aspect du pays lui plut.

Ses habitudes étaient celles d'un jeune homme appliqué et studieux, mais il était bien différent de ce que le représentent les auteurs de mémoires qui tous se transmettent la même erreur, dès qu'elle a été émise une fois. Il était alors admirateur passionné de Rousseau, ce que nous appelions être *habitant du monde idéal*, amateur des chefs-d'œuvre de Corneille, de Racine, de Voltaire, que nous déclamions journellement.

Il avait réuni les œuvres de Plutarque, de Platon, de Cicéron, de Cornélius Nepos, de Tite-Live, de Tacite, traduites en français, celles de Montaigne, de Montesquieu, de Raynal.

Tous ces ouvrages occupaient une malle de plus grande dimension que celle qui contenait ses effets de toilette.

Je ne nie pas qu'il n'eût aussi les poésies d'Ossian, mais je nie qu'il les préférât à Homère.

Impatient comme moi de ne pas parler la langue du pays, il s'en occupa, avec peu de succès la première année ; ce ne fut qu'à son second semestre qu'ayant résolu d'écrire un essai sur les révolutions de la Corse, il redoubla d'efforts afin de se mettre en mesure de lire les auteurs originaux en italien. »

Dans la joie de se retrouver au pays natal, il eut vite fait d'oublier son métier militaire.

En partant, sans doute avait-il eu l'intention de faire en Corse quelques recrues, car on trouve dans ses papiers cette formule d'engagement :

RÉGIMENT DE....

Je soussigné... m'engage de ma propre volonté et sans contrainte à servir le Roi en qualité de canonnier, bombardier ou sapeur pendant l'espace de huit années, à condition de recevoir à l'expiration de ce terme, conformément à l'ordonnance de... du présent engagement la somme de 120 francs tant en argent comptant et tant en un billet payable au régiment. Je déclare n'avoir aucune infirmité cachée qui puisse m'empêcher de servir le Roi et n'être engagé dans aucune de ses troupes soit de terre soit de mer. En conséquence, je promets de servir avec fidélité et honneur et de me comporter dans toutes les occasions en honnête et brave soldat. Je certifie être âgé de... natif de... fils de...

Mais il n'eut pas l'occasion de remplir les blancs de son modèle. Sans doute il eut mieux à faire que de courir les routes pour chercher des soldats au roi de France.

Car il faut tout dire.

En dehors de ses études, Napoléon avait des devoirs de famille qui lui imposaient des obligations sérieuses.

Son grand-oncle, l'archidiacre Lucien Bonaparte, était immobilisé par la goutte devenue pour lui une infirmité grave.

La famille avait vainement consulté les médecins de l'île, en très petit nombre d'ailleurs et fort médiocres.

Or l'archidiacre était la cheville ouvrière de la maison ; c'était lui qui, du vivant même de Charles, tenait la caisse et la remplissait quelquefois, qui s'occupait des récoltes, des vendanges, des bergers.

Joseph avait appris à le suppléer, mais, justement, Joseph allait partir pour prendre ses degrés à Pise et se mettre en mesure d'obtenir en Corse, soit une charge de magistrature, soit une des charges à la nomination des États de la province.

Pour remplacer Joseph, surveiller cette pépinière de mûriers dont Charles avait jadis entrepris la plantation pour le compte du gouvernement, il fallait que Napoléon restât.

Il demanda donc une prolongation de congé.

Le congé fut accordé.

N'obtenant point en Corse ce qu'il sollicitait, pensant que, à Paris, il trouverait des protecteurs qui feraient réussir ses demandes, il s'embarqua.

Napoléon arriva à Paris au commencement d'octobre 1787.

Il s'installa à l'hôtel de Cherbourg, rue du Four-Saint-Honoré.

Il avait déjà sollicité à Versailles, avait obtenu une audience du premier ministre monseigneur de Brienne, archevêque de Sens, avait vu les employés du Contrôle général frappé à toutes les portes pour l'indemnité que sa mère réclamait. comme on le peut voir par les lettres suivantes :

« Monsieur,

« J'ose me flatter que vous participerez à l'évé-
« nement qui vient de m'arriver et qui est d'autant
« plus fâcheux qu'il était plus inattendu.

« J'avais permission de rester chez moi jusqu'au
« mois de mai prochain. J'ai anticipé sur mon congé
« et j'ai quitté ma famille pour pouvoir solliciter à
« Paris la décision de l'affaire de la Pépinière pour
« laquelle vous avez daigné vous intéresser.

« Monseigneur l'archevêque de Toulouse m'avait
« honoré d'une lettre de recommandation auprès
« de M. le Contrôleur général, de sorte que je ne

« pouvais guère douter du succès, quand, en
« cherchant dans les cartons, l'on n'a rien trouvé
« de relatif à cette affaire ; je me suis transporté au
« Contrôle général et, en feuilletant dans l'enre-
« gistrement, je n'ai rien trouvé qui puisse indiquer
« que les pièces relatives à cette affaire soient
« parvenues.

« Vos intentions me sont trop connues pour
« pouvoir douter que cela ne soit arrivé par la mort
« de M. Rousseaux.

« M. le Contrôleur général, touché du tort que ce
« retardement nous cause, vous a rendu la liberté
« de nous accorder les avances que nous sollicitions
« cet hiver, que votre bonté voulait nous accorder,
« mais qu'une lettre trouvée de M. le Contrôleur
« général vous a empêché de réaliser ; vous recevrez
« la lettre du ministre la poste suivante et j'aurai
« l'honneur de vous adresser un mémoire relatif.

« M. le comte de Brienne a accueilli favorablement
« ma demande pour la nomination de mon frère
« Lucien au séminaire d'Aix.

« J'ose me flatter, monsieur, que vous daignerez
« honorer de vos bontés une famille qui, par son
« attachement et la reconnaissance des bontés que
« vous avez bien voulu lui témoigner, se flatte de
« la mériter.

« BUONAPARTE. »

« Monseigneur,

« Letizia Ramolino, veuve de Buonaparte, d'Ajaccio,
« a l'honneur de vous exposer : que, par le contrat
« que feu son mari a passé avec le Roi pour
« l'établissement d'une pépinière de mûriers en

« 1782, elle devait commencer sa distribution en 1787; « que, pendant cet intervalle de cinq années, elle « devait toucher la somme de 8.500 livres à titre « d'avance, plus la valeur de la greffe d'un sol par « arbre comme elle a été réglée aux Etats de 1783 ; « son contrat fut résilié en mai 1786, qu'à cette « époque l'on cessa de lui continuer des avances : « c'était une suite de ce qu'elle n'avait plus de « plantation à faire.

« Pour remplir ses engagements, sur la foi d'un « contrat public, elle fit comme à l'ordinaire sa « plantation, comptant, dans le courant de l'année, « toucher la partie des avances échue cette année, « mais son étonnement fut extrême, quand, en les « sollicitant, M. l'Intendant lui fit part de l'impos- « sibilité où il était de les lui faire toucher: elle lui « représenta avec force le tort que l'on lui ferait « et il vous souviendra, Monseigneur, que, convaincu « par ses raisons, vous aviez déjà ordonné que l'on « dressât les ordonnances quand l'on trouva une « prohibition du ministre.

« La suppliante, du moment qu'elle a vu le retar- « dement que les circonstances produiraient dans « son affaire des indemnités, s'adressa à Monseigneur « le Contrôleur général et obtint qu'il vous fût « rendu la liberté de suivre votre justice.

« Elle a donc l'honneur de vous solliciter de « suivre la règle qu'elle vous prescrira et est « persuadée d'une issue favorable. S'il fallait solli- « citer une nouvelle marque des bontés qu'il vous « a plu lui témoigner en différents événements, « peut-être y aurait-elle aujourd'hui quelque titre

« de plus : la nature de l'affaire, un sujet lésé dans « une entreprise faite par patriotisme, le grand « nombre de démarches qu'elle a été obligée de faire, « les inquiétudes qu'elle a eues pour obtenir une « justice qui ne lui est pas encore rendue. Sans « doute que, si elle en eût prévu toutes les difficultés, « elle eût abandonné, dès sa naissance, la sollicita- « tion d'une affaire, conséquente peut-être pour « elle, mais où, enfin, il ne s'agissait que d'une « somme d'argent qui ne compense jamais de l'espèce « d'avilissement qu'éprouve un homme de recon- « naître à chaque moment sa sujétion.

« La suppliante n'a touché à titre d'avance que « 5.800 livres, tandis qu'à la fin de 1785, elle en eût « dû avoir touché 7.350, ce qui fait 1.550 livres qui « lui sont dues pour compléter la somme des avances « échues avant la résiliation du contrat, plus la « greffe des arbres existant dans la pépinière, c'est- « à-dire 1.500 livres. Dans ce moment, elle sollicite « donc le déboursement de 3.800 francs, somme « qui, jointe aux avances antérieures, la suppliante « se trouvera redevable de 8.850 francs.

« Quels seront donc ses moyens de remboursement? « Eh! rien qu'avec les sujets existant actuellement « dans sa pépinière, elle a l'équivalent de 9.000 « livres. Ces indemnités, l'intention du gouvernement « est de lui en donner; le point de vue favorable sous « lequel vous l'aurez présentée, comme vous avez « eu la bonté de le lui promettre, finit de donner sur « cette affaire des probabilités suffisantes ; ils ne « peuvent pas, à la vérité, constituer un titre pour « solliciter des avances, mais peuvent bien servir

« de sûr garant à M. de la Guillaumie pour le
« remboursement d'icelles...

« Vous aurez autant qu'il est en vous, réparé « les fausses spéculations de votre prédécesseur, « vous aurez fait du bien à une famille en suivant « les règles de la justice la plus stricte ; de pareilles « occasions n'arrivent pas tous les jours. Monseigneur, « profitez-en. Et la suppliante reconnaîtra par la « plus vive reconnaissance vos bontés, vous, Monsei- « gneur, lui devrez l'occasion offerte qui ne vous « fera jamais penser à cette famille sans éprouver « un contentement intérieur... Paradis de l'homme « juste.

« La suppliante et pour madame sa mère,

« Buonaparte,
officier d'artillerie.

En même temps qu'il sollicitait pour sa mère l'affaire de la Pépinière, Napoléon demandait pour lui-même une prolongation de congé qu'il obtenait pour six mois à la date du 1er décembre, ainsi que le prouve cette pièce.

« M. de Gribeauval demande une prolongation « de six mois sans appointements à compter du « 1er décembre pour le sieur de Buonaparte, second « lieutenant au régiment de La Fère.

« Il a le plus grand intérêt à aller assister aux « délibérations des États de Corse, sa patrie, pour « y discuter les droits essentiels à sa modeste for- « tune et pour lesquels il est obligé de sacrifier les « frais du voyage et du retour ; ce qu'il ne se dé- « terminerait pas à faire sans une nécessité absolue. »

Presque tout de suite après avoir reçu sa prolongation de congé, Napoléon est en route pour la Corse où on l'attend avec impatience.

Lui absent, Joseph absent, sa mère n'a personne qui lui serve de secrétaire, d'interprète, de solliciteur près des autorités.

Elle est accablée de besogne dans sa maison, n'ayant point de bonne, obligée d'entretenir elle-même les quatre enfants en bas âge qu'elle a gardés près d'elle : Louis qui a dix ans, Pauline qui en a huit, Caroline qui en a six, Jérôme qui en a quatre.

Outre les soins domestiques, il faut que Mme Bonaparte s'efforce de tirer quelque parti de cette Pépinière à propos de laquelle Napoléon est allé solliciter à Paris, et qu'il faut s'efforcer de liquider si l'on prétend en être payé.

Dès le retour de son fils, elle lui fait donc écrire en son nom, à l'Intendant, la lettre suivante :

« Monsieur,

« Mmes Angela-Maria Pietra-Santa, Pietra-Costa, « M. Barrois et plusieurs autres personnes désirant « avoir des mûriers sur ma pépinière m'avaient demandé des renseignements sur les démarches à « faire pour obtenir votre ordonnance.

« En conséquence, ils avaient fait faire des trous « et demandé à messieurs les officiers municipaux « des certificats précédés d'une descente dans les « endroits où ils avaient fait travailler.

« M. le Podestat a répondu que l'ordonnance que « vous avez fait afficher pour cet objet ne leur ayant « pas été communiquée, ils n'étaient pas dans le « cas de faire ce travail.

« Je me suis en conséquence adressée à votre sub-
« délégué afin de ne perdre aucun temps qui est pré-
« cieux dans cette saison. Après diverses recherches
« dans ses cartons, M. Souiris n'en a pas trouvé de
« copie. Je prends donc la liberté de vous prier de
« vouloir bien communiquer votre ordonnance à
« messieurs les officiers municipaux ou de prendre tout
« autre parti qui puisse faire cesser cet incident.

« Quoique la saison soit un peu avancée, je crois
« que cela ne doit pas vous empêcher de délivrer des
« ordonnances aux habitants des marines, l'air étant
« plus tempéré et le terrain plus arrosé.

« Je suis avec le plus profond respect Monsieur,
« votre très humble et très obéissante servante.

« Veuve de BUONAPARTE. »

Enfin, on obtient l'autorisation de vendre des mûriers aux particuliers ; on s'occupe de faire rentrer l'argent de ces ventes, et c'est le jeune lieutenant d'artillerie qui s'emploie à cette grande affaire.

Il fallait pourtant qu'il pensât à retourner à son régiment dont il était absent de fait depuis le 1er septembre 1786.

Joseph Bonaparte ne pouvait tarder à revenir de Pise.

Napoléon eut la joie de voir Joseph et de l'embrasser avant son départ.

Le 1er juin, il se mit en route pour Auxonne où son régiment était en garnison depuis le mois de décembre précédent (1).

(1) Frédéric Masson.

CHAPITRE III

Bonaparte à Auxonne

En somme, il y avait près de deux ans que le jeune lieutenant d'artillerie était éloigné du métier militaire.

Tout porte à croire qu'il eut du mal à s'y remettre.

On a peu de renseignements sur la vie *extérieure* de Napoléon durant son premier séjour à Auxonne, de juin 1788 à septembre 1789.

En arrivant à Auxonne, le lieutenant Bonaparte logea dans la caserne même, soit qu'il ne fut pas assez riche pour prendre un appartement en ville, ses maigres ressources épuisées par les frais du long voyage qu'il venait de faire, soit qu'il n'eut pas eu le temps de chercher un autre logement.

Il occupa dans le pavillon que l'on nommait pavillon de la Ville, une chambre n° 16, d'abord, puis, plus tard, la chambre n° 10.

Le régiment de La Fère était le même que lorsqu'il l'avait quitté, à Valence ; les mêmes chefs le commandaient et Napoléon prit sa place dans le rang, avec le n° 11 des lieutenants en second.

Tout en assurant son service, il suivit les leçons de

l'école d'artillerie, que commandait le maréchal de camp baron du Teil.

Ce baron du Teil joua un grand rôle dans la jeunesse de Napoléon, comme on le verra par la suite.

D'ailleurs, Bonaparte ne l'oublia jamais, et, à Sainte-Hélène, quand il dicta son testament, il lui consacra un codicille.

« Nous léguons aux fils ou petit-fils du baron du Teil, lieutenant général de l'artillerie, ancien seigneur de Saint-André, qui a commandé l'Ecole d'Auxonne avant la Révolution, la somme de 100,000 francs, comme souvenir de reconnaissance pour les soins que ce brave général a pris de nous lorsque nous étions comme lieutenant et capitaine sous ses ordres. »

Le baron du Teil était né en 1772, près de la Côte-Saint-André, dans l'Isère.

Tout jeune, il était entré comme cadet dans l'artillerie et y avait fait toute sa carrière,

Il était le fils d'un officier d'artillerie, sans fortune, et à cette heure où il était maistre de camp,c'est-à-dire parvenu au plus haut rang de la hiérarchie militaire, se souvenant de ses modestes et pénibles débuts, il était tout disposé envers les jeunes gens, pauvres comme il l'avait été, intelligents, travailleurs, et désireux de réussir.

Aussi, tout de suite avait-il remarqué le jeune Corse, en qui, découvrant un travailleur, il avait deviné une âme peu commune.

Il le reçut chez lui, lui confia de sérieuses missions, s'intéressa à ses labeurs, et se montra si paternel envers lui, en de nombreuses circonstances, que Bonaparte ne put jamais l'oublier.

Mais ce ne fut pas seulement la maison du baron du Teil que Bonaparte fréquenta, durant son séjour à Auxonne. Il était également reçu chez le directeur de l'artillerie, M. Pillon d'Arquebouville et chez un commissaire de la guerre, M. Naudin, avec qui il se lia d'une étroite amitié.

Plus tard, quand il eut le pouvoir de rendre à ses amis de la première heure ce qu'ils avaient fait pour lui, il nomma M. Naudin intendant général de l'Hôtel des Invalides.

Une autre amitié, qui lui fut profitable, fut assurément celle de M. Lombard, qui était professeur de mathématiques à l'Ecole d'Artillerie, avec qui il travailla, complétant une instruction qu'il n'avait pas eu le temps de mener jusqu'au bout. Il paraît même que ce M. Lombard, qui avait un laboratoire de physique et de chimie chez lui, prit Napoléon comme locataire.

Bien entendu, le fidèle des Mazis était toujours le camarade qu'il préférait et fréquentait avec le plus de joie.

Quelle existence pouvait donc mener Bonaparte à Auxonne ?

Quelques soirées, comme on l'a vu, chez le baron du Teil, chez M. Pillon d'Arquebouville, chez M. Naudin ou chez le professeur Lombard.

Puis, de longues promenades solitaires, à pied ou à cheval autour de la ville, sur les bords de la Saône, où, certainement, le problème d'un avenir nébuleux obsédait les pensées de ce jeune officier de vingt ans.

Aussi, bien souvent, emporté par sa rêverie, oubliait-il l'heure du repas et arrivait-il fort tard, au moment du dessert, le plus souvent, chez le restaurateur Dumont où les officiers prenaient pension.

Cela n'allait point, d'ailleurs, sans lui valoir quelques algarades, car, il faut le dire, Bonaparte n'était point trop aimé de ses camarades ; son esprit de solitude, son éloignement des plaisirs communs, sa mise peu soignée, surtout, écartaient de lui tous ces jeunes officiers fringants et bruyants.

C'est que le pauvre Napoléon était de moins en moins riche ; sa solde et voilà tout !

Aussi, comme devaient l'exaspérer ces continuels changements d'uniforme qu'ordonnaient à chaque instant les caprices d'un ministre ! Aujourd'hui une culotte noire, demain une bleue, c'est la redingote qui succède au manteau, c'est le chapeau qui change de forme.

La conclusion de tous ces changements, c'est que, malgré son peu de coquetterie, il ne peut arriver à payer son tailleur, cet excellent M. Biautte, qui lui fournit des notes dans le genre de celle-ci :

Doit M. Buonaparte.

Fait culotte de drap........	2 livres.
Deux caleçons.............	1 livre, 4 sols
Fait anglaise bleue.........	4 livres
Bordure....................	1 livre

D'ailleurs, l'on possède deux documents qui montrent bien la pénurie dans laquelle se trouvait le pauvre lieutenant d'artillerie, et le souci qu'il avait de trouver un peu d'argent pour se tirer d'affaire.

C'est d'abord ceci, qu'il écrit à son oncle l'archidiacre :

« Envoyez-moi 300 francs, cette somme me suffira

pour aller à Paris ; là au moins on peut se produire, faire des connaissances, surmonter des obstacles : tout me dit que j'y réussirai. Voulez-vous m'en empêcher faute de cent écus. »

Puis, cette autre lettre qu'il adresse à Fesch :

« Vous saurez que je viens de recevoir réponse de M. Vautier ; il me dit qu'il reconnaît que Joseph a des titres particuliers pour obtenir une place dans les tribunaux et qu'il saisira la circonstance avec plaisir, que, pour le moment, des personnes proposées depuis plusieurs années empêcheront qu'il ne soit placé, mais qu'il fera son possible pour hâter son retour.

« Je suis indisposé : les grands travaux que j'ai dirigés ces jours derniers en sont cause. Vous saurez, mon cher oncle, que le général d'ici m'a pris en grande considération au point de me charger de construire au polygone plusieurs ouvrages qui exigeaient de grands calculs et, pendant dix jours, matin et soir, à la tête de deux cents hommes, j'ai été occupé. Cette marque inouïe de faveur a un peu irrité contre moi les capitaines, qui prétendent que c'est leur faire tort que de charger un lieutenant d'une besogne si essentielle, et que, lorsqu'il y a plus de trente travailleurs, il doit y avoir l'un d'eux. Mes camarades aussi montrent un peu de jalousie, mais tout cela se dissipe. Ce qui m'inquiète le plus c'est ma santé, qui ne me paraît pas trop bonne.

« J'étais sur le point de faire passer au libraire, l'ouvrage dont je vous entretins ; mais le fâcheux contretemps de la disgrâce de M. l'archevêque de Sens, arrivée avant-hier, m'oblige à des changements considérables. Il est possible même que j'attende les Etats généraux.

« Ecrivez à votre ami qui est à Pise : demandez-lui l'adresse, c'est-à-dire la rue où reste Paoli à Londres. Ne manquez pas à cette commission.

« Le triste état de ma famille m'a affligé d'autant plus que je n'y vois pas de remède. Vous vous êtes abusé en espérant que je pourrais trouver ici de l'argent à emprunter. Auxonne est une très petite ville et j'y suis d'ailleurs depuis trop peu de temps pour pouvoir y avoir des connaissances sérieuses. Ainsi, du moment que vous n'espérez pas dans notre vigne, je n'y pense plus et il faut abandonner cette idée du voyage à Paris. Si nous avions été à Paris, vous auriez mal fait de mener avec vous Isoard. Il n'aurait pu que vous embarrasser. Je vous accuse d'exagération en me disant que la *Sposata* ne produira que 15 mezzins... Adieu, bien des choses à Isoard, donnez-moi communication des nouvelles que vous recevrez de la famille sur votre projet. »

Lettres, il faut bien le dire, auxquelles il ne reçut jamais de réponse, car, en Corse, on était aussi pauvre que lui, pour ne pas dire plus.

Il n'a donc de ressources, à Auxonne, que dans le travail :

« Je n'ai pas d'autre ressource ici que de travailler, écrivait-il en juillet 1789. Je ne m'habille que tous les huit jours. Je ne dors que très peu depuis ma maladie. Cela est incroyable. Je me couche à dix heures et je me lève à quatre heures du matin. Je ne fais qu'un repas par jour, cela me fait très bien à la santé. »

Et il est si pauvre que, pour faire des économies, il supprime la viande de ses repas, et ne se nourrit que de laitages, comme le recommande son auteur préféré, Jean-Jacques-Rousseau.

Durant son séjour à Auxonne avec un détachement de cent canonniers sous les ordres de M. du Manoir, lieutenant en premier, Napoléon est envoyé pour occuper la petite ville de Seurre où une émeute a éclaté à propos des grains, et où deux négociants de Lyon ont été massacrés.

Il y resta près d'un mois et ce qu'il y vit le plus, sans contredit, ce furent ses livres.

Coston, donne des détails sur cette émeute et prétend que Napoléon logea quelque temps chez M. Lambert, alors procureur, Grand'Rue, n° 13, puis chez M. Philippot, aux Capucins. Il raconte qu'une nouvelle émeute s'étant produite, le lieutenant Bonaparte fit charger ostensiblement les armes à sa troupe, puis, s'avançant vers le rassemblement, dit :

— Habitants de Seurre ! Que les honnêtes gens se retirent et rentrent chez eux. Je n'ai ordre de tirer que sur la canaille ! »

Nul Seurrois ne voulut mériter cette épithète et la foule se dispersa aussitôt.

Coston abonde en anecdotes sur le séjour de Bonaparte à Seurre, les bals auxquels il assista chez M. Lombard, M. de Montot, M. Millot, les excursions qu'il fit avec des Mazis au Creusot et à Montcenis, les amours qu'il eut avec la femme du receveur du grenier à sel, et une fermière.

D'ailleurs, ce n'était pas le travail qui pouvait manquer à Bonaparte, tandis qu'il était à Auxonne, et il avait assurément de quoi tromper ses heures d'ennui.

Il avait tout son métier d'artilleur à apprendre, car, à Valence, il n'avait pu que s'initier aux mystères de l'artillerie. Il s'y employa farouchement, et jamais on ne vit officier se courber plus longuement sur sa table de travail. Bonaparte avait l'intention d'arriver. A quoi ? Il serait bien difficile de le dire. Certes, à cette heure, rien ne pouvait faire prévoir où il atteindrait et lui-même ne bornait point si haut ses ambitions.

Mais on peut faire une supposition.

Paoli n'était-il point le dieu de Bonaparte, le héros parfait, à ses yeux, qu'il devait s'imposer comme modèle? Qu'était-ce que Paoli?

Un simple enseigne des gardes corses au service du roi de Naples! A cette heure, il était le maître de l'Ile?

Napoléon ne pouvait rêver que de marcher sur de si glorieuses traces.

Bonaparte était Français de trop fraîche date, pour être fidèle à cette nouvelle patrie. Pour lui, le monde, c'était la Corse, et s'il travaillait ainsi, c'était assurément pour acquérir les sciences nécessaires qui lui permettraient de lutter pour l'indépendance de son pays, de se faire un nom au pays natal, d'y devenir un autre Paoli.

Aussi Bonaparte ayant demandé et obtenu un nouveau congé se rendit en Corse, où il se mit à la tête du mouvement révolutionnaire dans les émeutes de Bastia et d'Ajaccio. Mais vainement.

Paoli était encore le grand homme de l'île, et Bonaparte dut demeurer en second plan. Aussi, son congé expiré, regagna-t-il Auxonne et sa place de lieutenant.

CHAPITRE IV

Le second séjour à Auxonne et à Valence

Cette fois, Bonaparte ne revenait pas seul, il ramenait en France son frère Louis.

Certes en revenant à Auxonne Napoléon devait être préoccupé de l'accueil que lui ferait son colonel.

Son congé était expiré depuis plusieurs mois et quelque confiance que dussent lui inspirer les certificats dont il était porteur, il fallait bien qu'on fût en pleine époque révolutionnaire pour qu'il pensât seulement à les invoquer.

Une saute de vent, une révolte d'un ministre contre la tyrannie des municipalités, simplement une tentative pour rétablir la discipline, et son absence pouvait lui coûter cher.

Il n'a pourtant nullement l'air de se presser.

Il s'arrête à Valence, pour saluer ses anciens amis. Le 8 février, il séjourne dans le petit village de Serves, d'où il écrit cette lettre à Fesch :

« Serve, près Saint-Vallier, en Dauphiné, le 8 février 1791.

« Je suis dans la cabane d'un pauvre, d'où je me

plais à t'écrire après m'être longtemps entretenu avec ces braves gens. Il est quatre heures du soir ; le temps est frais quoique doux ; je me suis amusé à marcher ; la neige ne tombe pas, mais n'est pas loin... J'ai trouvé partout les paysans très fermes sur leurs étriers. Surtout en Dauphiné : ils sont tous disposés à périr pour le maintien de la Constitution.

« J'ai vu à Valence un peuple résolu, des soldats patriotes et des officiers aristocrates ; exception cependant, puisque le président du club est un capitaine nommé Du Cerbeau. C'est un capitaine du régiment de Forez en résidence à Valence.

« Les femmes sont partout royalistes. Ce n'est pas étonnant. La liberté est une femme plus jolie qu'elle qui les éclipse.

« Tous les curés du Dauphiné ont prêté le serment civique ; l'on se moque des cris des évêques.

« Il ne faut pas tant plaindre notre département ; je connais les personnes qui composent celui de Valence ; elles ne valent pas les nôtres.

« Le club est ici composé de 200 personnes ; quand ils tiennent leurs sessions publiques, ils s'assemblent dans une église. Les femmes y vont alors.

« Ce qu'on appelle la bonne société est aux trois quarts aristocrate ; c'est-à-dire qu'ils se couvrent du masque des partisans de la constitution anglaise.

« Il est vrai que Peretti a menacé Mirabeau d'un coup de couteau ; cela ne fait pas honneur à la nation.

« Il faudrait que la Société patriotique fît présent d'un habillement complet corse à Mirabeau, c'est-à-dire d'une barrette, veste, culotte et caleçon, cartouchière, stylet, pistolet et fusil ; cela ferait un bon effet.

« Dimanche prochain, le département de la Drôme nommera son évêque. Il est probable que ce sera un curé de Valence.

« Je n'entends rien de nouveau, ainsi il faut que tout soit tranquille.

« La société patriotique de Valence a envoyé une députation pour tâcher de concilier Avignon avec Carpentras. Cette députation se joindra aux députations de Loriol, de Romans, de Montélimar, etc., etc.

« Je vous embrasse, mon cher Fesch, la voiture passe. Je vais la rejoindre. Nous coucherons à Saint-Vallier.

« Buonaparte. »

Il arriva à Auxonne le 11 ou le 12 février, et il se trouva bien de ne point s'être inquiété ; sur les attestations délivrées par le district et la municipalité d'Ajaccio, son colonel ne se contenta pas de l'excuser, il demanda au ministre qu'on lui rappelât ses appointements durant les trois mois et demi qu'il avait été absent.

A peine installé avec son frère dans deux petites pièces d'une maison sise rue Vauban, qui appartenait alors à la famille Bauffre et fut en dernier lieu acquise par la ville qui y transféra le collège, il s'occupa de faire imprimer sa *Lettre à Matteo Buttafuoco*, dont le club d'Ajaccio avait voté la publication (1).

Il habitait dans une chambre nue, avec pour tous meubles, un mauvais lit sans rideaux, une table

(1) Nous donnons plus loin cette fameuse lettre.

placée dans l'embrasure d'une fenêtre et chargée de livres, et de papiers et deux chaises. A côté était un petit cabinet où Louis couchait sur un matelas (1).

Ce logis misérable, Napoléon l'emplissait de ses rêves.

Ce second séjour à Auxonne fut assez court. Bientôt il revenait à Valence.

Mais empruntons encore quelques pages à l'étude si captivante et si bien documentée de M. Marius Lety :

— Si je pouvais passer capitaine ! disait Bonaparte à Mgr de Grave, évêque de Valence, vers les derniers jours de l'année 1785.

Cinq ans et quelques mois plus tard, le 1er avril 1791, il n'avait pas encore les épaulettes de capitaine, mais il était nommé, à Grenoble, lieutenant en premier, et, au commencement du mois suivant, il rejoignait, à Valence, le 4e régiment d'artillerie.

Son premier soin fut de s'enquérir de son ancien logement de la Grand'Rue.

La chambre lui plaisait, et il avait conservé un bon souvenir de son hôtesse, Mlle Bou, qui, de son côté, n'avait eu qu'à se louer des habitudes paisibles et rangées de son locataire.

Dans ces conditions, on s'entend vite.

Seulement, un obstacle s'opposait à l'installation immédiate.

La chambre était alors occupée par le lieutenant Dedon.

(1) Frédéric Masson.

Force fut à Bonaparte de patienter, et Mlle Bou lui céda, en attendant, une autre pièce.

Cette fois, il n'était pas seul.

Il avait avec lui son frère Louis âgé de treize ans, dont il faisait en quelque sorte l'éducation, trouvant le moyen de prélever, chaque jour, quelques heures sur ses nouvelles fonctions de directeur du parc de l'artillerie.

Habituellement, Bonaparte sortait avec Louis, et les anciens — qui l'ont conté — suivaient d'un œil charmé ces deux jeunes gens, dont l'aîné, malgré sa jeunesse, avait dans son allure, dans son regard, à l'égard du plus jeune, cette gravité de la sollicitude paternelle.

Ils allaient ainsi par les rues de Valence, le plus grand donnant la main au plus petit, faisant se retourner plus d'un piéton, tant ce couple fraternel présentait de simplicité, de naturel et de grâce.

C'était surtout sur la place des Clercs, à deux pas du logement de Bonaparte, où se tenaient et où se tiennent encore revendeurs et revendeuses, c'était surtout chez ces braves gens du peuple que les deux frères avaient le plus de succès, parce que le peuple, avec cet instinct qui ne le trompe pas, est encore le meilleur juge dans les questions qui touchent aux choses du cœur.

Dans les sphères élevées, ce sentiment est gâté par le décorum des convenances outrées.

L'énergie de caractère était une des qualités dominantes du jeune lieutenant d'artillerie.

Au sujet de cette énergie, je lis dans l'étude publiée par le *Courrier de la Drôme*, que Bonaparte fut le héros, à Valence, d'un événement malheureux, en se distinguant dans la répression du meurtre accompli sur la personne du commandant des Voisins, lâchement assassiné par une tourbe de scélérats, le 10 mai 1790.

Nul doute qu'en la circonstance il eût montré la rapidité de décision et la fermeté d'exécution qu'il déploya plus tard, à Paris, lorsque les démagogues assiégeaient la Convention nationale; mais à l'époque citée plus haut, il n'était plus à Valence où il revint, pour la seconde fois, vers les premiers jours du mois de mai 1791.

Il ne convient donc pas de lui attribuer des faits, quelque glorieux soient-ils, auxquels il est absolument étranger, d'autant plus que, sous ce rapport, il n'y a pas pénurie.

De même qu'il avait réintégré son ancien logis, de même il retourna à l'hôtel des *Trois Pigeons*, qui avait toujours pour titulaire le sieur Geny.

Mais, tout premier lieutenant qu'il était, Bonaparte n'avait pas les moyens, comme son collègue de la *Dame Blanche*, d'acheter des châteaux sur ses économies. Il n'avait que la modeste paie de son grade pour vivre, lui et son frère.

C'est ce qui explique que ce dernier, au lieu d'aller manger à l'hôtel des *Trois Pigeons*, partageait l'ordinaire moins coûteux de Mlle Bou.

Le budget s'en trouvait d'autant dégrevé.

On comprendra que Bonaparte ne roulait pas précisément sur l'or, à la lecture de la lettre qu'il écrivait à son grand-oncle Lucien, archidiacre, et dans laquelle il lui disait :

« J'attends avec impatience les six écus que me doit maman, j'en ai le plus grand besoin ».

Cette lettre, quand on songe que celui qui l'écrivait devait, quelques années plus tard, être maître de l'Europe, a quelque chose de bien touchant dans sa naïveté.

On la médite avec une sorte de satisfaction intérieure.

On se sent pour ainsi dire plus rapproché du grand homme, en le voyant, comme le commun des mortels, obligé de compter avec les nécessités de l'existence, et l'on s'écrie involontairement : C'était donc un homme comme nous, celui que ses exploits ont fait un demi-dieu !

Plus tard, Bonaparte aimait à se rappeler ce rude temps de sa jeunesse, et voici comment il s'en ouvrait au duc de Vicence :

« Je trouvais le moyen d'envoyer de l'argent pour payer la pension de mon frère. (Il est ici fait allusion au premier séjour de Bonaparte à Valence). Savez-vous comment je faisais ? C'était en ne mettant jamais les pieds au café, rarement dans le monde, en brossant mes habits moi-même pour qu'ils durassent plus longtemps propres. Pour ne pas faire tache parmi mes camarades, je vivais comme un ours, toujours seul dans ma petite chambre, avec mes livres, mes seuls amis alors. Et ces livres, pour me les procurer, par quelles dures économies faites sur le nécessaire achetai-je cette jouissance ! Quand, à force d'abstinence, j'avais amassé deux écus de six livres, je m'acheminais avec une joie d'enfant vers la boutique d'un libraire qui demeurait près de l'Évêché. Telles ont été pour moi les joies et les débauches de la jeunesse ».

On ne se douterait pas, en lisant ces confessions, que, au dire de l'auteur de l'étude parue dans le *Courrier de la Drôme*, Bonaparte, dans le seul but de plaire à Mlle du Colombier, mettait en mouvement une armée de brosseurs, de fourbisseurs, de parfumeurs, de décrotteurs, etc.

L'un le lustrait par le bas, l'autre le rafraîchissait par le haut, tandis qu'un troisième le parfumait des pieds à la tête, et qu'un quatrième frottait, astiquait, du matin au soir, son sabre, ses éperons, ses boutons, ses aiguillettes, de façon à le rendre plus éblouissant qu'Achille paré de son bouclier.

Tout cela ne s'accorde guère avec ce que dit le jeune lieutenant « brossant lui-même ses habits pour qu'ils durassent plus longtemps propres », outre que de tels services rendus par des mercenaires ne devaient pas se payer avec les cerises de Basseaux, encore moins avec les doux regards de celle qui en était l'objet, indirectement. Ces messieurs de la brosse et de la houppe ne travaillent pas ordinairement pour de beaux yeux.

Bonaparte déjeunait souvent, par économie, dans sa chambre, d'un œuf, de quelques onces de pain et de quelque pâtisserie qu'il allait acheter chez le pâtissier Couriol, le plus renommé de Valence, et qui avait sa boutique à l'angle des rues Vernoux et Bfifaud.

De la pâtisserie !

Eh ! oui, de la pâtisserie, laquelle consistait invariablement en deux petits pâtés chauds, d'un sou chacun, soit deux sous que Bonaparte déposait ordinairement sans mot dire sur le comptoir du pâtissier Couriol, ce qui ne l'empêcha pas, étant consul, de s'informer avec intérêt de son ancien fournisseur de friandises.

Malgré cet état voisin de la gêne, Bonaparte avait constamment une mise coquette et recherchée, grâce à des miracles d'équilibre économique.

On prétend que le célèbre financier Laffitte a révélé de bonne heure son amour de l'ordre en ramassant une épingle.

Cette anecdote est-elle apocryphe, et n'est-ce là qu'une épingle à cheveux, ou mieux tirée par les cheveux ?

C'est bien possible. Mais, quoi qu'il en soit à l'égard de Laffitte, les mille soins domestiques qui ont marqué la jeunesse de Bonaparte ne sont point étrangers aux grandes conceptions budgétaires de l'Empereur, faisant affluer le numéraire dans les caisses de l'État, vidées par le gaspillage du Directoire.

J'ai dit qu'il avait retrouvé, en arrivant, son ancienne hôtesse et son ancien hôtelier, mais la mort avait fait des vides parmi les personnes qui lui étaient chères, et ses coups avaient frappé les cimes : l'évêque de Valence, Mgr de Grave, était décédé au commencement de 1788.

Quant à l'abbé de Saint-Ruf, il s'était éteint le 4 avril 1791, peu de jours avant l'arrivée de Bonaparte à Valence.

Ces pertes lui causèrent un grand vide, et il fut

d'autant plus sensible à la dernière, qu'elle était récente.

Il retrouva Mme du Colombier bonne et accueillante comme par le passé, et Mlle Caroline sa fille, embellie de quelques printemps de plus, de cet attrait de la fleur qui prélude à son épanouissement.

Il retourna plusieurs fois à Basseaux, et il y allait ordinairement accompagné de son frère.

On était encore au temps des cerises.

Mais les cerises de 1791 avaient-elles la même saveur que celles de 1786?

Il est permis d'en douter.

Ce qui fait le mérite des premières cerises, c'est précisément parce qu'elles sont les premières cerises.

Les secondes furent cause d'un petit incident comique dont le jeune Louis fut le héros.

Il y avait société ce jour-là à Basseaux.

On apporta, dans une chambre du premier étage. une grande corbeille pleine de cerises, où chacun puisait à même, sans façon, à la campagne comme à la campagne.

Pas d'assiettes sur la table, et les croisées de l'appartement étaient fermées.

Ce dernier détail, qui n'a l'air de rien, a cependant son importance, ainsi qu'on va le voir.

Depuis un bon moment, la mine inquiète de Louis intriguait Bonaparte qui ne savait à quoi attribuer cette inquiétude.

Que pouvait bien signifier cette figure assombrie et rentrée?

Qui sait?

Les cerises?

Peut-être les noyaux ?...

Enfin, l'aîné s'approchant de son plus jeune et le tirant à l'écart :

— Voyons ! qu'as-tu ? Il ne faut pas te gêner.

L'autre à voix basse :

— Les noyaux.

Ce disant, il lui montrait ses mains pleines de noyaux de cerises, dont il était embarrassé faute de savoir où les déposer.

On s'empressa, en riant, d'ouvrir la croisée, ce qui permit au pauvre garçon de s'alléger.

***

Bonaparte avait, à cette époque, pour perruquier un nommé Bazile.

Plus tard, étant consul, il aimait à s'informer de lui, de ce qu'il faisait, si ses affaires allaient en prospérant.

Il avait la mémoire du cœur, et sa mémoire était prodigieuse.

Il s'est toujours souvenu des personnes qu'il avait connues au temps de sa jeunesse.

Parvenu à l'apogée de la puissance, deux Valentinois qui avaient eu des rapports avec le lieutenant d'artillerie, lui font demander une audience.

Il s'agissait, pour l'un d'eux qui était vétérinaire, d'un emploi à l'armée.

— Sire, dit le plus hardi qui portait la parole, faites cela pour mon camarade, en souvenir de votre séjour à Valence.

Napoléon demande à son ministre s'il y a quelque place vacante.

— Sire, répond le ministre, après s'être informé, Sire, il n'y a qu'une place de médecin qui soit disponible.

— Eh bien, reprend l'ami complaisant, placez toujours mon camarade, *en attendant.*

Au fait, à l'armée où l'on fait plus de cas d'un cheval que d'un homme, un vétérinaire peut bien suppléer un médecin.

Dans le même ordre d'idées, on connaît ce bon villageois dont la mère et la vache se trouvaient malades en même temps, et qui, pour s'épargner double dépense, fit venir le vétérinaire, partant de ce principe que qui peut le plus peut le moins, ou que qui peut le moins peut le plus, comme l'on voudra.

Bonaparte avait à l'égard de Louis cette sévérité tempérée de l'autorité paternelle, sévérité qu'autorisait la différence d'âge entre les deux frères.

Il le brusquait même parfois, son caractère fait de vivacité et de décision rapide s'accommodant difficilement de la nature indolente et indécise de Louis.

Un jour que celui-ci, après être resté au lit plus longtemps qu'il ne convenait, s'étant présenté, les yeux encore gonflés de sommeil, le frère aîné le réprimanda vivement sur sa paresse, en présence du chirurgien-major du 4e régiment, alors en visite chez Bonaparte.

— Ah! mon bon frère répondit Louis, pour s'excuser et l'apaiser en même temps, mon bon frère, si tu savais quel beau rêve je viens de faire... Je rêvais que j'étais roi.

— Roi ! répliqua Bonaparte à moitié désarmé, toi, roi !... Quand tu seras roi, je serai empereur.

Le rêve devait pourtant se réaliser : Louis fut roi de Hollande, Bonaparte étant empereur.

J'ai dit plus haut que ce dernier avait la passion des livres.

Cette passion suppose celle de la lecture.

Aussi, était-il un des clients les plus assidus du cabinet littéraire de M. Aurel où venait également M. de Montgobert, colonel d'artillerie en congé à Valence, et l'un des hommes les plus distraits de France.

Bonaparte s'amusait à exploiter cette distraction en mettant parfois dans les mains du colonel un vieux numéro du *Perlet*, journal alors fort en vogue.

Il fallait voir les ébahissements du lecteur prenant connaissance de faits remontant à plusieurs mois, à un an !

L'honnête guerrier n'en croyait pas ses yeux, ou plutôt ses lunettes qu'il essuyait avec rage, poussant des exclamations auxquelles les éclats de rire de l'espiègle lieutenant mettaient un terme.

A Auxonne, où il se rendit en quittant Valence pour la seconde fois, il donna une nouvelle preuve de cette espièglerie dont on rit volontiers, parce qu'il n'y faut voir qu'une gaîté malicieuse et que rien de méchant n'en gâte le fond.

Pendant un exercice au canon, un ancien officier qui commandait la manœuvre, constatait avec stupéfaction, la lunette rivée à l'œil, qu'aucun boulet ne portait.

— S. n. de D. ! fit-il dans sa brusquerie soldatesque, quels f...ichus maladroits vous êtes tous !

— Mon commandant, dit Bonaparte, ça doit venir de la poudre.

— Allons ! bon ! vous allez me dire aussi, vous, que c'est la poudre qui a servi.

Ça ne venait pas de la poudre, mais de Bonaparte qui, d'accord avec ses camarades, escamotait les boulets (1).

Le vieux commandant fut des premiers à s'égayer du tour, mais comme il tenait aussi à être le dernier à rire, tous les lieutenants furent consignés au nom de la Discipline, une imposante personne avec laquelle il ne fait pas bon plaisanter.

C'était dans la maison des Têtes, c'est-à-dire en face de la chambre de Bonaparte, que M. Aurel (Pierre-Marc), qui était en même temps libraire-imprimeur, avait son cabinet de lecture, ainsi que le constate une gravure du temps, représentant la dite maison et l'enseigne en lettres très lisibles :

MARC AUREL, IMPRIMEUR-LIBRAIRE

Ce détail est du reste corroboré par les *Mémoires* de Napoléon à Sainte-Hélène.

Quand Bonaparte vint pour la deuxième fois à Valence, Joseph-Emmanuel-Marc Aurel avait succédé à son père.

Les relations du lieutenant d'artillerie avec le fils

(1) Comme on l'a vu plus haut, Napoléon s'est souvenu de cette plaisanterie à Sainte-Hélène.

furent aussi bonnes que celles qu'il avait eues avec le père, je veux dire excellentes, et c'est en souvenir de ces relations, qu'il nomma, plus tard, Joseph-Emmanuel imprimeur de l'armée.

Lors de l'expédition d'Egypte, il l'appela auprès de lui avec son matériel d'imprimerie, destiné à relater les découvertes scientifiques dont la direction était confiée au savant Monge.

C'est un honneur pour les presses typographiques de la maison Marc Aurel (aujourd'hui imprimerie Céas) d'avoir fonctionné les premières sur la terre des Pharaons, choisies de préférence à celles autrement importantes de la capitale.

Mais c'est ainsi que Napoléon cultiva l'amitié : en se rappelant ses amis quand il était lui-même dans la prospérité, tandis que tant d'autres ne s'en souviennent que lorsqu'ils sont eux-mêmes dans l'adversité.

***

Logé chez Mlle Bou, mangeant aux *Trois Pigeons*, se délassant intellectuellement au cabinet littéraire de M. Aurel, c'est-à-dire n'ayant qu'un pas à faire pour aller de l'un chez l'autre, Bonaparte avait arrangé son existence de façon à avoir en quelque sorte tout sous la main.

Il n'imitait pas ces prodigues qui gaspillent tant d'heures précieuses en éparpillant aux quatre points cardinaux, le couvert, le gîte, le délassement et le travail.

En grand économiste qu'il était, il commençait par économiser sur le temps.

***

En mémoire de Mirabeau, l'illustre orateur, décédé à Paris le 2 avril 1791, un service funèbre fut célébré, quelque temps après cette date, à la cathédrale de Valence.

Un catafalque d'une hauteur extraordinaire s'élevait au milieu de l'église.

Ce fut Bonaparte qui, au moyen d'une longue échelle, fixa au sommet de la charpente l'inscription suivante :

« Du Lycurgue Français voilà ce qui nous reste »

imitation du vers de Racine :

« Des trésors de David, voilà ce qui nous reste »

Bonaparte n'avait pas tardé à reprendre à Valence le même genre d'existence que lors de son premier séjour, allant, de temps en temps, voir son ami Lambert à Romans, fréquentant les mêmes personnes qu'il avait connues, entre autres M. de Montalivet qui devint son ministre et dont on verra bientôt la statue sur l'une des places de Valence, sur ce sol qu'il foulait en compagnie de Bonaparte, après avoir attendu environ un quart de siècle dans le vestibule de la Bibliothèque de la ville (1).

Ordinairement, les entretiens de Bonaparte et de M. de Montalivet roulaient sur la politique, sur les événements de l'époque, qui s'assombrissaient de jour en jour, semblables à l'orage accomplissant son évolution.

(1) La statue est érigée aujourd'hui. C'est un superbe monument dû au ciseau du statuaire Crauk.

Ces entretiens ne laissaient pas d'être parfois très orageux, eu égard aux opinions respectives des deux interlocuteurs : d'un côté, M. de Montalivet, rattaché aux choses du passé par son éducation, sa famille et ses relations, racines que la réflexion, les années et les événements assouplissent et détendent peu à peu ; de l'autre, Bonaparte, jugeant mieux de la situation, les yeux fixés sur l'avenir et y lisant la transformation complète de la société, y voyant la démocratie grandissant et réclamant sa part de soleil, que l'aristocratie couvrait de son ombre.

Dans ces conditions, comment s'entendre?

De là, des allusions aigres-douces, des mots très vifs, à tel point que les deux jeunes gens cessèrent de se fréquenter, M. de Montalivet n'étant pour Bonaparte qu'un parfait aristocrate, et Bonaparte pour Montalivet qu'un révolutionnaire, un sans-culotte.

Ils n'étaient, l'un et l'autre, ni ceci ni cela ; seulement, avec l'exagération de la jeunesse, ils se jugeaient ainsi, tout en s'estimant beaucoup réciproquement ; et quand l'estime sert de trait d'union à des opinions divisées, il y a grande chance de rapprochement, parce que l'estime que deux personnes se portent mutuellement, quel que soit leur désaccord, suppose un grand fond d'honnêteté et de sincérité chez l'une et chez l'autre.

— Mais enfin, dit un jour M. de Montalivet, dans cette transformation de la société, que préparent des hommes téméraires, n'apercevez-vous pas la révolution, l'anarchie?

— J'y vois, répondit Bonaparte, la liberté pour le

citoyen, mais la liberté avec un gouvernement puissant et énergique, qui sait ce qu'il veut et où il va... Un peuple libre et bien dirigé peut accomplir de grandes choses.

— Qui peut se flatter de diriger le peuple?

— Il suffit de le vouloir pour le pouvoir.

Tels étaient les entretiens de ces deux jeunes hommes s'intéressant aux affaires de leur pays, à un âge où les femmes et les chevaux sont l'unique préoccupation de la jeunesse.

Plus tard, le rapprochement se fit entre eux, rapprochement complet, aidé par la raison, l'expérience et les événements.

Chacun fit spontanément un pas en avant, se dépouillant, l'un de son trop d' « aristocratisme », l'autre de son trop de « révolutionnarisme », imputables surtout à l'impétuosité de la jeunesse, cette écume généreuse, mais excessive, qui se calme avec la maturité des années, et ces deux hommes faits pour s'entendre se rejoignirent.

Parfois Bonaparte et M. de Montalivet prolongeaient leur causerie et leur promenade jusqu'au charmant petit village de Lavache.

Les excursions à Lavache, peu éloigné de Basseaux, plaisaient beaucoup à Bonaparte.

Ce petit village, qui compte aujourd'hui 251 feux, est placé dans une délicieuse vallée marquée, à ses extrémités longitudinales, par le nord et le midi.

Adossé, au levant, à un monticule, ses dernières maisons, comme les derniers grains d'un chapelet, descendent, au couchant, vers des massifs d'arbres, des taillis, des bosquets, qui ondulent pendant la belle saison, sous les vents calmes, ainsi qu'un océan de verdure.

A ses pieds serpente un ruisseau qui va se perdre en murmurant sous le feuillage.

Rien de plus frais que cette oasis enchâssée dans le canton de Valence, témoin de fréquentes parties champêtres où le monde citadin vient essuyer sa poussière aux tapis tissés par la nature.

Voici dans quelle circonstance Bonaparte connut ce village pour la première fois : un jour qu'il y avait société à Basseaux, les dames proposèrent une partie de campagne.

— Si nous allions à Lavache ? fit l'une d'elles.

— A Lavache ! s'écria Bonaparte, voilà un nom qui n'est guère attirant... On ne doit trouver dans ce pays que des bouviers, des chevriers et du lait caillé.

— Oh ! Monsieur Léon, c'est un endroit charmant ; vous verrez ! reprit Mlle du Colombier.

Dans l'intimité, on disait Léon, par abréviation de Napoléon, un nom qui était loin d'être populaire à cette époque, qui avait même quelque chose d'étrange.

En l'abrégeant, on le francisait.

On revoit toujours avec plaisir les lieux que l'on a visités, accompagné de la femme chérie.

Elle y a laissé quelque chose d'elle : un peu de son regard dans ce soleil qui dore les coteaux, un peu de sa voix dans cette brise qui soupire dans les feuilles, un peu de son parfum dans ces fleurs que l'on y respire...

En retournant à Lavache, Bonaparte y retrouvait certainement tout cela ; mais ses instincts d'artiste et de poète — poète plutôt d'exécution que de conceptions rêveuses — avaient aussi leurs jouissances à se rafraîchir de pittoresque et de calme champêtre.

C'est vers ce temps-là que Bonaparte se fit recevoir de la Société des *Amis de la Constitution*, dont les membres se réunissaient dans le cabinet littéraire de M. Aurel, après avoir tenu leurs premières séances chez Mlle Bou, l'hôtesse de Bonaparte, laquelle, ainsi que je l'ai dit, avait un café.

De là, la grande popularité qui commençait à s'attacher à sa personne, qui, précisément pour ce motif, était un objet de jalousie de la part de ses chefs et de plusieurs de ses collègues.

Les uns et les autres sentaient instinctivement la supériorité qu'il avait sur eux, et ils s'efforçaient de réagir comme réagit la médiocrité sous l'influence dominatrice du génie.

Quelques écrivains, ainsi que cela arrive quand on se place aux points extrêmes de l'appréciation, quelques écrivains ont prétendu que les opinions de Bonaparte étaient révolutionnaires, dans le mauvais sens attaché à ce mot.

C'est absolument faux, et nous en trouvons la preuve dans Bonaparte lui-même, c'est-à-dire dans les actes du jeune homme.

Le 25 août 1791, il fêtait, en compagnie des officiers ses collègues, la Saint-Louis chez le restaurateur des *Trois Pigeons*. Au dessert, M. Duprat, lieutenant, entonna la romance :

O Richard, ô mon roi !

alors proscrite par les purs de l'époque, qui n'admettaient que la *Carmagnole* et le *Ça ira*. La *Marseillaise* n'était pas encore née.

Quelques-uns de ces purs, qui dînaient dans un cabinet voisin, scandalisés du chant royaliste, firent irruption, au nom de la liberté, dans la salle des officiers.

Une bagarre s'en suivit, au cours de laquelle Bonaparte ne bouda pas dans la distribution des horions.

Ce fut même pour lui une occasion de déployer ses talents de stratégiste.

***

Le 17 juillet 1791, Bonaparte avait été le héros d'une aventure curieuse entre toutes.

On célébrait, à l'église Saint-Jean, une messe solennelle à laquelle avaient été invités les officiers du 4e régiment d'artillerie.

Beaucoup de curieux sur la place, et, à la porte de l'église, des mendiants attirés par la solennité de la cérémonie, source de fructueuses aumônes.

« Au moment où Bonaparte va franchir le seuil du saint lieu, raconte M. de Coston, il est accosté par une femme qui paraît très malheureuse et qui lui demande l'aumône. Elle tient deux enfants sur ses bras.

« Le jeune lieutenant la regarde, elle et ses deux enfants, tire un écu de trois livres de sa poche et le lui met dans la main.

« Etonnée d'une générosité pareille, la pauvresse le fixe à son tour et lui dit : Merci, mon lieutenant, je vous souhaite une couronne.

« — C'est bien possible, répond gravement Bonaparte en pénétrant dans l'église ».

Le séjour de Bonaparte à Valence ne présente rien de bien remarquable, depuis le mois d'août jusqu'au commencement d'octobre 1791, époque où, en compagnie de son frère Louis, il partit pour la Corse, après avoir descendu, en bateau, le Rhône jusqu'à Avignon, emporté vers ses glorieuses destinées, destinées tellement étonnantes, tellement incroyables, que, dans les âges futurs, quand on verra la trace de son nom au pied des pyramides, sous la tente de l'Arabe, sur le palais de l'Escurial, sur le marbre du Capitole, toujours fumant et crépitant, ce nom, dans les ruines du Kremlin, toujours à Schoenbrunn, toujours à Postdam ; quand on le retrouvera partout, ce nom magique, éclatant comme une fanfare, ce nom qui personnifie un peuple, une humanité — alors les nations éblouies, confondues, se demanderont, avec M. Salvandy, si tous ces exploits ont été accomplis par un seul homme, par un mortel, ou bien par un nouvel Hercule, rival de celui des époques fabuleuses? (1)

(1) Marius Léty.

APPENDICE

La lettre à Buttafuoco

C'est durant son séjour en Corse que Bonaparte écrivit sa fameuse lettre à Buttafuoco, que l'on ne peut passer sous silence, car elle dépeint trop bien le caractère de Bonaparte à cette époque de sa vie.

Lettre écrite par Buonaparte à M. Matteo de Buttafuoco, maréchal des camps et armées du roi, député de la noblesse corse à l'Assemblée nationale constituante.

« Monsieur,

« Depuis Bonifacio au cap Corse, depuis Ajaccio à Bastia, ce n'est qu'un chorus d'imprécations contre vous. Vos amis se cachent, vos parents vous désavouent, et le sage même, qui ne se laisse jamais maîtriser par l'opinion populaire, est entraîné cette fois par l'effervescence générale.

« Qu'avez-vous donc fait? Quels sont donc les délits qui puissent justifier une indignation si universelle — un abandon si complet? C'est, monsieur, ce que je me plais à rechercher en m'éclairant avec vous.

« L'histoire de votre vie, depuis au moins que vous

vous êtes lancé sur le théâtre des affaires, est connue. Ses principaux traits en sont tracés ici en lettres de sang. Cependant, il est des détails plus ignorés : je pourrais alors me tromper ; mais je compte sur votre indulgence et espère dans vos renseignements.

« Entré au service de France, vous revîntes voir vos parents, vous trouvâtes les tyrans battus, le gouvernement national établi, et les Corses, maîtrisés par les grands sentiments, concourir à l'envi, par des sacrifices journaliers, à la prospérité de la chose publique. Vous ne vous laissâtes pas séduire par la fermentation générale : bien loin de là, vous ne vîtes qu'avec pitié ce bavardage de patrie, de liberté, d'indépendance, de constitution, dont l'on avait boursoufflé jusqu'à nos derniers paysans. Une profonde méditation vous avait dès lors appris à apprécier ces sentiments factices, qui ne se soutiennent qu'au détriment commun. Dans le fait, le paysan doit travailler, et non pas faire le héros, si l'on veut qu'il ne meure pas de faim, qu'il élève sa famille, qu'il respecte l'autorité. Quant aux personnes appelées par leur rang et leur fortune au commandement, il n'est pas possible qu'elles soient longtemps dupes, pour sacrifier à une chimère leurs commodités, leur considération ; et qu'elles s'abaissent à courtiser un savetier, pour finale de faire les Brutus. Cependant, comme il entrait dans vos projets de vous captiver M. Paoli, vous dûtes dissimuler : M. Paoli était le centre de tous les mouvements du corps politique. Nous ne lui refuserons pas du talent, même un certain génie : il avait en peu de temps mis les affaires de l'île dans un bon système : il avait fondé une université où, la première fois peut-être depuis la création, l'on enseignait dans nos montagnes les sciences utiles au développement de notre raison. Il avait établi une fonderie, des moulins à poudre, des fortifications qui augmentaient les moyens de défense : il avait ouvert des ports qui, encourageant le commerce, perfectionnaient l'agriculture : il avait créé une marine qui protégeait nos communications, en nuisant extrêmement aux ennemis. Tous ces établissements, dans leur naissance, n'étaient que le présage de ce qu'il eût fait un jour. L'union, la paix, la liberté étaient les avant-coureurs de la prospérité nationale, si toutefois un gouvernement mal organisé, fondé sur de fausses bases, n'eût été un préjugé encore plus certain des malheurs, de l'anéantissement total où tout serait tombé.

« M. Paoli avait rêvé de faire le Solon ; mais il avait mal copié son original : il avait tout mis entre les mains du peuple ou de ses représentants, de sorte qu'on ne pouvait exister qu'en lui plaisant. Étrange erreur ! qui soumet à un brutal, à un mercenaire, l'homme qui, par son éducation, l'illustration de sa naissance, sa fortune, est seul fait pour gouverner. A la longue, un bouleversement de raison si palpable ne peut manquer d'entraîner la ruine et la dissolution du corps politique, après l'avoir tourmenté par tous les genres de maux.

« Vous réussîtes à souhait. M. Paoli, sans cesse entouré d'enthousiastes ou de têtes exaltées, ne s'imagina pas que l'on pût avoir une autre passion que le fanatisme de la liberté et de l'indépendance. Vous trouvant de certaines connaissances de la

France, il ne daigna pas observer de plus près que vos paroles, les principes de votre morale : il vous fit nommer pour traiter à Versailles de l'accommodement qui s'entamait sous la médiation de ce cabinet. M. de Choiseul vous vit et vous connut : les âmes d'une certaine trempe sont d'abord appréciées. Bientôt, au lieu du représentant d'un peuple libre, vous vous transformâtes en commis d'un satrape : vous lui communiquâtes les instructions, les projets, les secrets du cabinet de Corse.

« Cette conduite, qu'ici l'on trouve basse et atroce, me paraît à moi toute simple ; mais c'est qu'en toute espèce d'affaire, il s'agit de s'entendre et de raisonner avec flegme.

« La prude juge la coquette et en est persiflée ; c'est en peu de mots votre histoire.

« L'homme à principes vous juge au pire ; mais vous ne croyez pas à l'homme à principes. Le vulgaire, toujours séduit par de vertueux démagogues, ne peut être apprécié par vous, qui ne croyez pas à la vertu. Il n'est permis de vous condamner que par vos principes, comme un criminel par les lois ; mais ceux qui en connaissent le raffinement, ne trouvent dans votre conduite rien que de très simple. Cela revient donc à ce que nous avons dit, que, dans toute espèce d'affaires, il faut d'abord s'entendre, et puis raisonner avec flegme. Vous avez d'ailleurs par devers vous une sous-défense non moins victorieuse.

« Car vous n'aspirez pas à la réputation de Caton ou de Catinat : il vous suffit d'être comme un certain monde ; et, dans ce certain monde, il est convenu que celui qui peut avoir de l'argent sans en profiter est un nigaud ; car l'argent procure tous les plaisirs des sens, et les plaisirs des sens sont les seuls. Or, M. de Choiseul, qui était très libéral, ne vous permettait pas de lui résister, lorsque surtout votre ridicule patrie vous payait de vos services, selon sa plaisante coutume, de l'honneur de la servir. Le traité de Compiègne conclu, M. de Chauvelin et vingt-quatre bataillons débarquèrent sur nos bords. M. de Choiseul, à qui la célérité de l'expédition importait majeurement, avait des inquiétudes que, dans ses épanchements, il ne pouvait vous dissimuler. Vous lui suggérâtes de vous y envoyer avec quelques millions. Comme Philippe prenait les villes avec sa mule, vous lui promîtes de tout soumettre sans obstacle... Aussitôt dit, aussitôt fait, et vous voici repassant la mer, jetant le masque, l'or et le brevet à la main, entamant des négociations avec ceux que vous jugeâtes les plus faciles.

« N'imaginant pas qu'un Corse pût se préférer à la patrie, le cabinet de Corse vous avait chargé de ses intérêts. N'imaginant pas, de votre côté, qu'un homme pût ne pas préférer l'argent et soi à la patrie, vous vous vendîtes, et espérâtes les acheter tous. Moraliste profond, vous saviez ce que le fanatisme d'un chacun valait, quelques livres d'or de plus ou de moins nuançant à vos yeux la disparité des caractères.

« Vous vous trompâtes cependant : le faible fut ébranlé, mais fut épouvanté par l'horrible idée de déchirer le sein de la patrie. Il s'imagina voir le père, le frère, l'ami, qui périt en la défendant, lever la tête de la tombe sépulcrale, pour l'accabler de malédictions. Ces ridicules préjugés furent assez puissants pour vous arrêter dans votre course : vous gémîtes d'avoir à faire à un peuple enfant. Mais, monsieur, ce raffinement de sentiment n'est pas donné à la multitude : aussi vit-elle dans la pauvreté et la misère ; au lieu que l'homme bien appris, pour peu que les circonstances le favorisent, sait bien vite s'élever.

« En rendant compte des obstacles qui s'opposaient à la réalisation de vos promesses, vous proposâtes de faire venir le régiment Royal-Corse. Vous espériez que son exemple désabuserait nos trop simples et trop bons paysans ; les accoutumerait à une chose où ils trouvaient tant de répugnance : vous fûtes encore trompé dans cette espérance. Les Rossi, Marengo et quelques autres fous, ne vont-ils pas enthousiasmer ce régiment, au point que les officiers unis protestent, par un acte authentique, de renvoyer leurs brevets, plutôt que de violer leurs serments, ou des devoirs plus sacrés encore ?

« Vous vous trouvâtes réduit à votre seul exemple. Sans vous déconcerter, à la tête de quelques amis et d'un détachement français, vous vous jetâtes dans Vescovato ; mais le terrible Clemente (1) vous en

(1) Clément Paoli, frère aîné du général Paoli, bon guerrier, excellent citoyen, vrai philosophe. Au commencement d'une action, il ne pouvait jamais se résoudre à se battre personnellement : il donnait ses ordres avec ce sang-froid qui caractérise le capitaine. Mais dès qu'il avait vu tomber quelqu'un des siens, il saisissait ses armes, avec cette convulsion d'un homme indigné, en faisait usage, en s'écriant : « Hommes injustes ! pourquoi franchissez-vous les barrières de la nature ? Pourquoi faut-il que vous soyez les ennemis de la patrie ? »

Austère dans ses mœurs, simple dans sa vie privée, il a toujours

dénicha. Vous vous repliâtes sur Bastia avec vos compagnons d'aventure et leur famille. Cette petite affaire vous fit peu d'honneur : votre maison et celle de vos associés furent brûlées. En lieu de sûreté, vous vous moquâtes de ces efforts impuissants.

« L'on veut ici vous imputer à défi d'avoir voulu armer Royal-Corse contre ses frères. L'on veut également entacher votre courage, du peu de résistance de Vescovato. Ces accusations sont très peu fondées; car la première est une conséquence immédiate, c'est un moyen d'exécution de vos projets ; et comme nous avons prouvé que votre conduite était toute simple, il s'ensuit que cette inculpation incidente est détruite. Quant au défaut de courage je ne vois pas que l'action de Vescovato puisse l'arrêter : vous n'allâtes pas là pour faire sérieusement la guerre, mais pour encourager par votre exemple ceux qui vacillaient dans le parti opposé. Et puis, quel droit a-t-on d'exiger que vous eussiez risqué le fruit de deux ans de bonne conduite, pour vous faire tuer comme un soldat ! Mais vous deviez être ému, de voir votre maison et celles de vos amis en proie aux flammes... Bon Dieu ! quand sera-ce que les gens bornés cesseront de vouloir tout apprécier ? Laissant brûler votre maison, vous mettiez M. de Choiseul dans la nécessité de vous indemniser. L'expérience a prouvé la justesse de vos calculs : on vous remit bien au delà de l'évalué des pertes. Il est vrai que l'on se plaint que vous gardâtes tout

vécu retiré. Ce n'était que dans les grands besoins qu'il venait aussi donner son avis, dont on s'écartait rarement. (*Note de C. L. T. Panckoucke.*)

pour vous, ne donnant qu'une bagatelle aux misérables que vous aviez séduits. Pour justifier si vous l'avez dû faire, il ne s'agit que de savoir si vous l'avez pu faire avec sûreté. Or, de pauvres gens, qui avaient si besoin de votre protection, n'étaient ni dans le cas de réclamer, ni même dans celui de connaître bien clairement le tort qu'on leur faisait. Ils ne pouvaient pas faire de mécontents, et se révolter contre votre autorité : en horreur à leurs compatriotes, leur retour n'eût pas été plus sincère. Il est donc bien naturel qu'ayant ainsi trouvé quelques milliers d'écus, vous ne les ayez pas laissé échapper : c'eût été une duperie.

« Les Français, battus malgré leur or, leurs brevets, la discipline de leurs nombreux bataillons, la légèreté de leurs escadrons, l'adresse de leurs artilleurs ; défaits à la Penta, à Vescovato, à Loretto, à San-Nicolao, à Borgo, à Barbaggio, à Oletta, se retranchèrent excessivement découragés. L'hiver, le moment de leur repos, fut pour vous, monsieur, celui du grand travail ; et si vous ne pûtes triompher de l'obstination des préjugés profondément enracinés dans l'esprit du peuple, vous parvîntes à en séduire quelques chefs, auxquels vous réussîtes, quoique avec peine, à inculquer les bons sentiments ; ce qui, joint aux trente bataillons qu'au printemps suivant M. de Vaux conduisit avec lui, soumit la Corse au joug, obligea Paoli et les plus fanatiques à la retraite.

« Une partie des patriotes étaient morts en défendant leur indépendance ; l'autre avait fui une terre proscrite, désormais hideux nids des tyrans. Mais un grand nombre n'avaient dû ni mourir ni fuir : ils furent l'objet des persécutions. Des âmes que l'on n'avait pu corrompre étaient d'une autre trempe : l'on ne pouvait asseoir l'empire français que sur leur anéantissement absolu. Hélas ! ce plan ne fut que trop ponctuellement exécuté. Les uns périrent victimes des crimes qu'on leur supposa ; les autres trahis par l'hospitalité, par la confiance, expièrent sur l'échafaud les soupirs, les larmes surprises à leur dissimulation ; un grand nombre, entassés par Narbonne-Fridzelar dans la tour de Toulon ; empoisonnés par les aliments, tourmentés par leurs chaînes ; accablés par les plus indignes traitements ; ils ne vécurent quelque temps dans leurs soupirs, que pour voir la mort s'avancer à pas lents... Dieu, témoin de leur innocence, comment ne te rendis-tu pas leur vengeur ?

« Au milieu de ce désastre général, au sein des cris et des gémissements de cet infortuné peuple, vous, cependant, commençâtes à jouir du fruit de vos peines : honneurs, dignités, pensions, tout vous fut prodigué. Vos prospérités se seraient encore plus rapidement accrues, lorsque la Du Barry culbuta M. de Choiseul, vous priva d'un protecteur, d'un appréciateur de vos services. Ce coup ne vous découragea pas ; vous vous tournâtes du côté des bureaux ; vous sentîtes seulement la nécessité d'être plus assidu. Ils en furent flattés : vos services étaient si notoires ! Tout vous fut accordé. Non content de l'étang de Biguglia, vous demandâtes une partie des terres de plusieurs communautés. Pourquoi les en vouliez-vous dépouiller, dit-on ? Je demande, à mon tour, quels égards deviez-vous avoir pour une nation que vous saviez vous détester?

« Votre projet favori était de partager l'île entre dix barons. Comment! non content d'avoir aidé à forger les chaînes où votre patrie était retenue, vous vouliez encore l'assujétir à l'absurde régime féodal! Mais je vous loue d'avoir fait aux Corses le plus de mal que vous pouviez; vous étiez dans un état de guerre avec eux; et, dans l'état de guerre, faire le mal pour son profit est un axiome.

« Mais passons sur toutes ces misères-là : arrivons au moment actuel, et finissons une lettre qui, par son épouvantable longueur, ne peut manquer de vous fatiguer.

« L'état des affaires de France présageait des événements extraordinaires. Vous en craignîtes le contre-coup en Corse. Le même délire dont nous étions possédés avant la guerre, à votre grand scandale, commença à *ématir* cet aimable peuple. Vous en comprîtes les conséquences; car, si les grands sentiments maîtrisaient l'opinion, vous ne deveniez plus qu'un traître, au lieu d'un homme de bon sens. Pis encore : si les grands sentiments revenaient à agiter le sang de nos chauds compatriotes; si jamais un gouvernement national s'ensuivait, que deveniez-vous? Votre conscience alors commença à vous épouvanter : inquiet, affligé, vous ne vous y abandonnâtes pas; vous résolûtes de jouer le tout pour le tout, mais vous le fîtes en homme de tête. Vous vous mariâtes, pour accroître vos appuis. Un honnête homme qui avait, sur votre parole, donné sa sœur à votre neveu, se trouva abusé. Votre neveu, dont vous aviez englouti le patrimoine pour accroître un héritage qui devait être le sien, s'est trouvé réduit dans la misère avec une nombreuse famille.

« Vos affaires domestiques arrangées, vous jetâtes un coup d'œil sur le pays : vous le vîtes fumant du sang de ses martyrs, jonché de victimes multipliées, n'inspirer à tous que des idées de vengeance. Mais vous y vîtes l'atroce militaire, l'impertinent robin, l'avide publicain, y régner sans contradictions, et le Corse, accablé sous ces triples chaînes, n'oser ni penser à ce qu'il fut, ni réfléchir sur ce qu'il pouvait être encore. Vous vous dîtes, dans la joie de votre cœur : les choses vont bien, il ne s'agit que de les maintenir ; et aussitôt vous vous liguâtes avec le militaire, le robin et le publicain. Il ne fut plus question que de s'occuper à avoir des députés qui fussent animés par ces sentiments ; car pour vous, vous ne pouviez pas soupçonner qu'une nation, votre ennemie, vous choisît pour la représenter. Mais vous dûtes changer d'opinion, lorsque les lettres de convocation, par une absurdité peut-être faite à dessein, déterminèrent que le député de la noblesse serait nommé dans une assemblée composée seulement de vingt-deux personnes : il ne s'agissait que d'obtenir douze suffrages. Vos coassociés du conseil supérieur travaillèrent avec activité : menaces, promesses, caresses, argent, tout fut mis en jeu : vous réussîtes. Les vôtres ne furent pas si heureux dans les communes : le premier président échoua ; et deux hommes exaltés dans leurs idées, l'un fils, frère, neveu des plus zélés défenseurs de la cause commune ; l'autre avait vu Sionville et Narbonne ;

en gémissant sur son impuissance, son esprit était plein des horreurs qu'il avait vu commettre : ces deux hommes furent proclamés, et rencontrèrent le vœu de la nation, dont ils devinrent l'espoir. Le dépit secret, la rage que votre nomination fit dévorer à tous, fait l'éloge de vos manœuvres et du crédit de votre ligue.

« Arrivé à Versailles, vous fûtes zélé royaliste : arrivé à Paris, vous dûtes voir avec un sensible chagrin que le gouvernement que l'on voulait organiser sur tant de débris, était le même que celui que l'on avait chez nous noyé dans tant de sang.

« Les efforts des méchants furent impuissants : la nouvelle constitution, admirée de l'Europe, et devenue la sollicitude de tout être pensant, il ne vous resta plus qu'une ressource : ce fut de faire croire que cette constitution ne convenait pas à notre île, quand elle était exactement la même que celle qui opéra de si bons effets, et qu'il fallut tant de sang pour nous l'arracher.

« Tous les délégués de l'ancienne administration, qui entraient naturellement dans votre cabale, vous servirent avec toute la chaleur de l'intérêt personnel : l'on dressa des mémoires où l'on prétendit prouver l'avantage dont était pour nous le gouvernement actuel, et où l'on établissait que tout changement actuel contrarierait le vœu de la nation. Dans ce même temps, la ville d'Ajaccio eut l'indice de ce qui se tramait : elle leva le front, forma sa garde nationale, organisa son comité. Cet incident inattendu vous alarma : la fermentation se communiquait partout. Vous persuadâtes aux ministres, sur qui vous aviez pris de l'ascendant pour les affaires de Corse, qu'il était éminent d'y envoyer votre beau-père, M. Gaffory, avec un commandement ; et voici M. Gaffory, digne précurseur de M. Narbonne, qui prétend, à la tête de ses troupes, maintenir par la force, la tyrannie que feu son père, de glorieuse mémoire, avait combattue et confondue par son génie. Des bévues sans nombre ne permirent pas de dissimuler la médiocrité des talents de votre beau-père : il n'avait que l'art de se faire des ennemis. L'on se ralliait de tous côtés contre lui. Dans ce pressant danger, vous levâtes vos regards, et vîtes Narbonne ! Narbonne mettant à profit un moment de faveur, avait projeté de fixer dans une île qu'il avait dévastée par des cruautés inouïes, le despotisme qui le rongeait. Vous vous concertâtes : le projet est arrêté ; cinq mille hommes ont reçu les ordres ; les brevets pour accroître d'un bataillon le régiment provincial, sont expédiés ; Narbonne est parti.

« Cette pauvre nation, sans armes, sans courage, est livrée, sans espoir et sans ressource, aux mains de celui qui en fut le bourreau.

BUONAPARTE.

« De mon cabinet de Milleli, le 23 janvier, l'an II. »

FIN

TABLE DES MATIÈRES

Fontenay-aux-Roses. — Imp. L. Bellenand, 23,252

Fontenay-aux-Roses. — Imp. L. Bell[illegible]

www.ingramcontent.com/pod-product-compliance
Ingram Content Group UK Ltd.
Pitfield, Milton Keynes, MK11 3LW, UK
UKHW020929180726
13838UKWH00002B/845

9 782329 107646